HON[illegible]N Y[illegible]ON

자존감 수업

윤홍균

LEZIONI DI AUTOSTIMA

La via coreana per trovare
la felicità dentro di noi

Traduzione di Valentina Nobili

HarperCollins

I contenuti di questo libro non sono in alcun modo configurabili quali esercizio di attività medica e non intendono in alcun modo sostituire o integrare il parere professionale di un medico. L'utilizzo di qualsiasi informazione qui riportata è a discrezione del lettore. L'Editore declina qualsiasi responsabilità diretta o indiretta derivante dall'uso o dall'applicazione di qualsivoglia indicazione riportata nel testo. Si raccomanda di consultare il proprio medico per ogni specifico problema.

ISBN 979-12-5985-467-4

Titolo originale dell'edizione in lingua inglese:
The Self Esteem Class
First published in 2025 by Michael Joseph.
Michael Joseph is part of the Penguin Random House group of companies.

Traduzione di Valentina Nobili

Viale Monte Nero 84 - 20135 Milano
www.harpercollins.it
Prima edizione HarperCollins
maggio 2025

MISTO
Carta | A sostegno della
gestione forestale responsabile
FSC® C021883

07768162900

Sommario

Prologo

L'AUTOSTIMA È LA RISPOSTA

Sono un medico di mezza età, con i capelli sempre più grigi, che può definirsi molto felice. Godo di buona salute, la mia adorata moglie e i miei figli mi rispettano, i miei genitori ripongono fiducia in me e ho un fratello che è un mio grande sostenitore. Nel complesso, ho davvero un'ottima vita.

Eppure, crescendo, non avrei mai pensato che mi sarebbe andata così bene. Ero un bambino fragile. Cagionevole e delicato. Saltavo spesso la scuola a causa della mia tonsillite cronica e scoppiavo a piangere per un nonnulla. Non ero estroverso e dinamico come i miei coetanei, tantomeno sveglio. Avevo un'intelligenza nella media e non eccellevo neppure nei lavori manuali. Non avevo alcuna sicurezza in me stesso né pazienza. All'epoca, infatti, gli adulti si preoccupavano spesso per me.

Ero un ragazzino insicuro in tutto ciò che faceva, ma buono e obbediente, che metteva sempre gli altri al primo posto. Con il senno di poi, oggi so che era proprio questo il mio più grande problema: non mettevo gli altri al primo posto per il loro bene, bensì lasciavo che le persone assumessero il comando della situazione perché io avevo paura di sbagliare. Perché, appunto, non riuscivo ad avere fiducia in me stesso.

Molti anni dopo, posso dire di non sapere chi sarei diventato, se fossi rimasto così. Sono molto soddisfatto della mia vita. Oggi mi fido del mio giudizio. Amo me stesso e sono grato a chiunque mi abbia aiutato a trasformarmi nella persona che sono.

Alcuni credono che la mia felicità sia dovuta al mio lavoro da psichiatra, che avere un ruolo rispettato abbia accresciuto la mia sicurezza in me stesso. Non sono del tutto in errore. Durante gli anni della mia formazione, ho imparato moltissimo da ottimi insegnanti e colleghi. Grazie a loro, sono stato in grado di crescere, e sarò sempre orgoglioso di essere uno psichiatra.

Tuttavia, sono anche consapevole dell'esistenza di numerosi medici infelici. Tra gli psichiatri, il tasso di suicidi è molto più elevato rispetto ad altre professioni. Perciò, se dovessi sentire qualcuno dire che sono felice *perché* ho un lavoro che gli altri invidiano, mi troverei in disaccordo.

Un paio di anni fa, ho lasciato il lavoro in ospedale e ho aperto un mio studio privato. L'obiettivo personale che avevo stabilito per me stesso in quel periodo di transizione era rispondere alla domanda: quali sono i motivi per cui sono così soddisfatto della mia vita?

Non era un compito semplice. Mi sono preso del tempo per appuntare le mie riflessioni sul significato di felicità. Su ciò che rende appagate le persone e su quali condizioni debbano essere soddisfatte affinché ci si possa definire *felici*. Volevo creare una testimonianza di ciò che avevo scoperto durante il mio processo di crescita personale, di come mi ero trasformato, e di come poter mantenere questo stato di soddisfazione nel tempo.

A mano a mano che i pezzi del puzzle si combinavano, il concetto che continuava a emergere era quello di *autostima*, le cui definizioni sul dizionario sono *il modo in cui una persona percepisce se stessa* o *l'indicatore di amor proprio e soddisfazione verso la propria vita*.

Mi sono concentrato a lungo su questo termine. Dopo molte analisi, ho compreso che la mia strada verso la felicità coincideva con il mio processo di costruzione di una sana autostima. Ne è risultato che la mia autostima era stata ai minimi termini durante la maggior parte dei periodi più infelici della mia vita.

Insomma, ero un uomo con un'autostima molto bassa. Tra i motivi, di certo vi era il fatto che, durante i miei studi alla facoltà di medicina, ho dovuto ripetere un anno. Ma quella non era la prima volta che fallivo in qualcosa. Non ero stato ammesso alle scuole superiori STEM che avevo scelto, né al programma di medicina dell'università, al primo tentativo. Così la bocciatura agli esami di fine anno della facoltà di medicina, avvenuta più tardi, è stato il colpo più duro di tutti.

Da quel momento in poi ho iniziato a mettere in discussione i miei stessi obiettivi di vita. Con il tempo ho preso l'abitudine di bere ogni giorno e sono diventato dipendente dalle sigarette e dal gioco d'azzardo online. Il pensiero di ripetere i corsi insieme a quelli del primo anno era demoralizzante ed evitavo amici e familiari per via dell'imbarazzo. I miei colleghi di facoltà andavano a lezione tutte le mattine, mentre io andavo in sala giochi. Restavo sveglio tutte le notti a giocare rientravo di nascosto per non farmi scoprire. Me ne andavo in sala da biliardo, passavo da un bar all'altro con gli amici e mi trascinavo a casa solo all'alba.

La mia autostima aveva raggiunto punti molto bassi anche in molte altre occasioni, al di là di questa, in particolare durante i periodi in cui mi sentivo perso e in preda alla disperazione. Non sarebbe un'esagerazione dire che la mia vita è stata un processo di ricostruzione della mia autostima rasa al suolo più e più volte. Dal momento che soffrivo di un profondo senso di inferiorità e della paura di restare indietro, spesso venivo sopraffatto dall'impulso di arrendermi e lasciare che le mie dipendenze mi privassero di ogni speranza per il futuro.

Guardandomi indietro ora, penso che le difficoltà che ho affrontato fossero necessarie per ripristinare la mia autostima. È solo grazie a quei periodi bui che adesso posso provare una reale felicità e avere una sana autostima. Il punto è che costruirmi una sana autostima è ciò che mi ha condotto alla felicità, e la felicità ora continua ad alimentare in me una sana autostima.

Diventare felice, quindi, è sinonimo di ripristinare l'autostima. Forse è per questo motivo che il percorso verso la costruzione di una sana autostima, per quanto difficile e tortuoso, è necessario.

Nel mio percorso, l'autostima si è anche rivelata un importante elemento nell'assistenza psicologica. La maggior parte dei pazienti infelici che si rivolgevano a me per avere un aiuto aveva bisogno di un miglioramento della propria autostima. Alcuni avevano un coniuge che li tradiva o stavano affrontando la fine di una relazione, altri soffrivano di depressione, dipendenza, avevano idee suicide e così via. Ciascuno di loro aveva bisogno di lavorare sulla propria autostima, e io li ho aiutati in quanto loro medico e loro allenatore per accrescerla.

Nella mia formazione da psichiatra, ho acquisito moltissime conoscenze e competenze, che ho applicato alla mia stessa vita. Come risultato, ho sviluppato una mente più sana e una grande empatia verso gli altri. In base alle mie esperienze personali, ho appreso cosa non dire alle persone che soffrono di scarsa autostima, come si comportano coloro la cui autostima è minima, e ho ben chiaro come fare per aiutarli. I lunghi periodi trascorsi ad affrontare le mie difficoltà e a lottare per superare la sensazione di essere inutile si sono dunque rivelati una risorsa importante nel mio lavoro. Oggi voglio condividere le consapevolezze che ne ho ricavato sia come medico sia durante la mia personale guarigione.

Ma non è stato facile raccontare la mia storia e le verità che ho scovato attraverso l'esperienza personale. Era difficile condividere i racconti della mia infanzia e i miei pensieri privati, che neppure mia moglie conosceva, con il mondo. Scrivevo, cancellavo e poi riscrivevo quei resoconti tantissime volte. Avevo anche degli scrupoli riguardo al condividere parte dei miei preziosi "trucchi del mestiere". C'erano alcune cose che avrei voluto tenere per me. Eppure, alla fine ho deciso comunque di scrivere questo libro per diversi motivi.

Innanzitutto, l'ho voluto fare per me stesso. Perché so che, un giorno o l'altro, la mia autostima si indebolirà di nuovo. Mantenere una sana autostima è come nuotare: l'acqua continua a spingerci verso il fondo. Sospetto che vi saranno momenti in futuro in cui la mia autostima sprofonderà negli abissi, soprattutto se commetterò dei grossi errori o mi ritroverò in burnout. Con questa idea in mente, ho deciso di preparare un manuale per me stesso che parla di come superare certi momenti di difficoltà quando si presentano.

In secondo luogo, ho scritto questo libro per i miei amici e familiari. La maggior parte di noi affronta una crisi di autostima, a un certo punto della nostra vita. C'erano parecchie cose che avrei voluto trasmettere alle mie figlie durante la loro crescita, ma non sarei mai riuscito a farlo fino a poco tempo fa, perché quella montagna di informazioni che avevo a disposizione non era ben ordinata nella mia mente. In più, ero troppo indaffarato e loro ancora troppo giovani per comprendere le mie spiegazioni. E poi, l'anno scorso sono stato coinvolto in un incidente automobilistico. Solo così mi sono reso conto che la mia vita sarebbe potuta finire in qualunque momento, e che non potevo morire senza avere condiviso la saggezza appresa con fatica nella mia vita con le mie figlie. In primo luogo, dunque, questo libro è una guida per sviluppare la propria autostima pensata per loro. Sono sicuro che preferiranno di gran lunga consultare un libro anziché ascoltare il padre dare loro dei consigli, che con ogni probabilità sembrerebbero loro solo delle chiacchiere petulanti.

Terzo, l'ho scritto nella speranza di mettere nero su bianco una volta per tutte ciò che ho appreso dalla mia carriera di psichiatra fino a oggi. Mi vergogno a dire che c'è stato un tempo in cui ero profondamente infuriato con le persone che copiavano le preziose informazioni condivise nei miei scritti. Iniziavo a godere di una minima fama grazie a certe mie pubblicazioni, e mi domandavo se non sarebbe stato meglio tenere per me quelle conoscenze acquisite con tanto sacrificio. Tuttavia, ben presto ho compreso che tali conoscenze non appartengono a nessuno e che mi ero fissato su un pensiero molto arrogante e pericoloso, mosso da un egoistico bisogno di ottenere un riconoscimento. Credo fermamente che le informazioni più preziose acquistino un significato e una potenza maggiori, straordinari, se condivise in lungo e in largo.

Questo libro si divide in sette capitoli principali.

La prima parte delinea la definizione di autostima e racconta l'importanza di questo elemento nelle nostre vite. Per quanto ampiamente diffuso, *autostima* è un termine che di frequente viene frainteso e usato in maniera impropria.

La seconda e la terza parte affrontano i problemi nelle relazioni interpersonali che emergono come risultato di una scarsa autostima.

La quarta e la quinta parte sono dedicate alle emozioni associate all'autostima.

La sesta e la settima parte offrono approcci pratici per aumentare la propria autostima.

Alla fine di ogni capitolo, troverete *L'esercizio di oggi per una sana autostima*. I lettori saranno piacevolmente sorpresi di scoprire che l'autostima si può migliorare anche solo svolgendo dei semplici esercizi. Basterà avere uno strumento utile che permetterà di stabilire un regime quotidiano per l'accrescimento dell'autostima.

Questo libro è per chiunque desideri riflettere sulla propria vita, applicare i principi dell'autostima alle sfide personali e ripristinare una sana soddisfazione di sé.

Yoon Hong Gyun

PRIMA PARTE

PERCHÉ L'AUTOSTIMA È IMPORTANTE?

1

I TRE CAPISALDI DELL'AUTOSTIMA

Il termine *autostima* è abbastanza comune. Molti di noi sanno che l'autostima è qualcosa di importante. Tuttavia, quando ci viene chiesto il significato della parola *autostima*, scopriamo di avere ciascuno idee diverse al riguardo. Alcuni pensano definisca quanto una persona ami se stessa, altri la collegano all'orgoglio, e altri ancora credono sia l'atteggiamento di una persona nei propri confronti. Perciò, prima di lanciarci nella nostra discussione, mi piacerebbe fornire un'esatta definizione del termine in questione.

La definizione più basilare di autostima è *il modo in cui una persona valuta, o stima, se stessa*. In altre parole, è una misurazione di quanto alta o bassa sia la propria considerazione di sé. Può essere espressa con un numero – per esempio, settanta su cento – o con un valore generico che ne indichi il livello – come elevata, media o bassa.

I TRE CAPISALDI DELL'AUTOSTIMA

I tre principi fondamentali che inglobano le diverse interpretazioni di autostima diffuse tra le persone sono: capacità, autonomia e sicurezza.

Capacità si riferisce al proprio senso di utilità. Questo caposaldo è fin troppo enfatizzato nella nostra società. La capacità è il motivo per il quale una persona può pensare che svolgere una professione rispettata o ricoprire una posizione importante sul lavoro possa aumentare la propria autostima.

Autonomia si riferisce alla possibilità di fare ciò che si desidera. Avere il controllo sulla propria vita è essenziale per garantirsi una sana autostima. Si potrebbe presumere che chi ha frequentato le migliori scuole e ottenuto titoli di studio presso istituti di élite abbia un'elevata autostima, ma in realtà tra questi vi sono moltissimi uomini e donne che hanno un'autostima molto bassa, se messi a confronto con coloro che sono cresciuti in un paese che garantisce maggiori libertà e tempo libero. La differenza fondamentale fra questi sarebbe proprio la mancanza di autonomia.

Sicurezza: è il fondamento dell'autostima. Alcune persone hanno un'elevata autostima pur avendo molto poco nella vita. Eccellono nel sentirsi sicuri e a loro agio nel proprio ambiente. Persone con traumi irrisolti o bisognose di un affetto che spesso non ricevono, in genere, si sentono insicure. Questo, ovviamente, porta a un abbassamento dell'autostima. Allo stesso modo, coloro che hanno difficoltà a stare da soli potrebbero non sentirsi al sicuro in alcune circostanze.

In generale, le persone comuni tendono a pensare che con il termine *autostima* si parli di quanto una persona ama se stessa, e questo non è sbagliato. Quelli che si considerano inutili, che hanno poco controllo sulla propria vita o che in generale si sentono insicuri hanno una bassa autostima e di conseguenza trovano difficoltà ad amare se stessi, figurarsi poi gli altri. Di conseguenza, quanto una persona si ama è di certo un ottimo indicatore della propria autostima.

Sicurezza in se stessi, presunzione, orgoglio

Vi sono almeno un paio di concetti che le persone confondono con l'autostima. Ho notato che l'utilizzo improprio di alcuni termini nei libri di auto-aiuto può creare confusione: è successo anche ad alcuni dei miei pazienti. *Sicurezza in se stessi*, *presunzione* e *orgoglio* sono le definizioni che più comunemente vengono confuse con *autostima*.

L'idea di sicurezza in se stessi è legata alla propria capacità in relazione alle difficoltà che si possono incontrare nello svolgere un determinato compito. Se la capacità è forte e il compito viene percepito come semplice, la sicurezza in se stessi aumenta. D'altro canto, se il proprio livello di capacità è in generale ritenuto adeguato, ma il compito in particolare viene percepito come troppo difficile, la sicurezza in se stessi precipita.

La presunzione deriva dalla sopravvalutazione delle proprie abilità o, al contrario, dal sottostimare la difficoltà di un compito. Un'errata interpretazione della propria abilità può portare a un eccesso di sicurezza in se stessi.

L'orgoglio è l'emozione associata all'autostima. Se l'autostima è la risposta al modo in cui una persona valuta se stessa, l'orgoglio è l'emozione che questa valutazione suscita. Si dice che il nostro orgoglio è *ferito* quando la nostra autostima è bassa. Quando ci sentiamo turbati perché siamo stati rimproverati o traumatizzati, il nostro orgoglio ne risente. E diciamo che abbiamo curato il nostro orgoglio ferito per indicare che ci siamo ripresi dopo aver subito un brutto colpo. Dunque, l'orgoglio viene spesso utilizzato per illustrare uno stato emozionale negativo.

2

CONVINZIONI ERRATE E PREGIUDIZI RIGUARDO ALL'AUTOSTIMA

Le inesattezze legate al concetto di autostima sono diffuse tanto quanto la confusione in merito al termine stesso. Può accadere che persino chi ha letto testi di psicologia e sostiene di avere una base solida in materia ne fraintenda il significato. Vediamo quindi alcune delle più comuni convinzioni errate riguardo all'autostima.

L'AUTOSTIMA DERIVA DAI PROPRI GENITORI

Questo è un assunto sbagliato figlio del sovraccarico cognitivo. Il modo in cui si viene cresciuti e quello in cui si viene trattati da bambini sono molto importanti, certo, ma non sono soltanto i genitori a plasmare l'autostima del proprio figlio. In generale, si crede che la mancanza di affetto da parte dei genitori determini una bassa autostima, ma fissarsi su questa convinzione può in realtà generare l'effetto contrario, ovvero una disarmonia tra i membri della famiglia, anziché un aumento dell'autostima di chi riceve tante attenzioni. Le scuse tardive da parte dei genitori non fanno molta differenza, in questi casi. Insomma, il punto è che possiamo ricostruire la nostra autostima da soli.

LA MANCANZA DI ELOGI PORTA A UNA BASSA AUTOSTIMA

Gli elogi fanno ballare persino le balene. Questa era un'espressione comune in Corea qualche anno fa. Eppure, non significa che gli elogi siano sempre positivi. L'ammirazione malriposta può generare un grande senso di vuoto. Le illusioni che scaturiscono dagli elogi rischiano a loro volta di dare vita a sentimenti di inadeguatezza.

L'AUTOSTIMA È TUTTO CIÒ CHE SERVE PER ESSERE FELICI

L'autostima non è un'emozione. È legata alle emozioni ma, in senso stretto, appartiene alla sfera della ragione. Ripristinare la tua autostima non ti farà sentire come se stessi galleggiando a mezz'aria. Tuttavia, un'autostima più elevata può in effetti determinare un maggiore coraggio. Una persona con un'elevata autostima non è ipersensibile al modo in cui gli altri la vedono. Le può capitare di tornare a casa profondamente esausta, dopo una lunga settimana di lavoro, ma non lascerà che la stanchezza le rovini i giorni di riposo. E non permetterà che l'angoscia di tornare in ufficio il lunedì mattina le comprometta la domenica sera.

UN'ELEVATA AUTOSTIMA PUÒ SPINGERE AL NARCISISMO

L'obiettivo del ripristino dell'autostima non è ottenere una sicurezza in se stessi infondata o spingere chi legge a diventare egocentrico. Coloro che hanno un'opinione troppo alta di se stessi sono chiamati *narcisisti.* Appaiono arroganti ai più, ma vivono nella paura di venire umiliati. Chi ha un'elevata autostima è in grado di riconoscere e ammettere le proprie lacune. Ha la forza di accettarsi per la creatura imperfetta che è ed è capace di migliorare se stesso o se stessa.

L'AUTOSTIMA SI PUÒ DAVVERO RIPRISTINARE?

L'autostima è la misura di quanto alta o bassa sia la propria considerazione di sé. È una percezione e una valutazione condizionata dall'emozione che si sta provando al momento, motivo per il quale è sempre mutevole. Può alterarsi da un momento all'altro. A sua volta, però, la variabile dell'autostima può causare un'ampia oscillazione di emozioni. Come in una corsa sulle montagne russe, la salita è tanto esaltante quanto è terrificante la discesa.

Chi riesce a ripristinare la propria autostima sviluppa abbastanza tolleranza nei confronti degli alti e dei bassi. Quando la sua autostima è in calo, non nutre esagerati timori perché sa di avere la cintura di sicurezza allacciata ed è consapevole di avere una scarsa possibilità di cadere. Stessa cosa vale per la salita: quando l'autostima è alta sa di dover prepararsi alla discesa che sopraggiungerà.

Questo è uno dei motivi per cui le persone con una sana

autostima hanno delle buone relazioni interpersonali. L'impatto delle critiche altrui per loro è temporaneo. Un breve calo dell'autostima non li fa precipitare in un tracollo emotivo. Chi ha una sana autostima, di norma, viene considerato equilibrato.

Il nocciolo della questione è che l'autostima può essere ripristinata. Per alcuni ci vuole del tempo, mentre per altri è più semplice riuscire nell'intento. Il viaggio potrebbe non rivelarsi facile, e potresti ritrovarti a sentirti scoraggiato. Ma con l'impegno si può senza dubbio migliorare la propria autostima.

Ripristinare l'autostima è come imparare ad andare in bicicletta. Proprio come quando siamo sul sellino, anche noi e la nostra autostima siamo in costante movimento. Montiamo in sella alla nostra autostima, troviamo il nostro equilibrio, la manovriamo e impariamo a far girare le ruote in base a dove vogliamo andare.

Di solito una persona va in bicicletta da sola, ma sono davvero in pochi quelli che imparano a farlo per la prima volta senza alcun aiuto. Anche la persona più dotata dal punto di vista atletico e con uno straordinario equilibrio ha avuto bisogno che qualcuno le insegnasse ad andare in bici. Tutti noi abbiamo avuto bisogno di qualcuno che ci spiegasse come fare, ci guidasse e ci impedisse di cadere.

Attraverso questo libro, spero di illustrarti nel modo più esaustivo possibile la struttura di questa bicicletta che chiamiamo *autostima*, con l'obiettivo di aiutarti a utilizzarla in piena sicurezza. Non affronterò soltanto le modalità con cui potrai utilizzare questa bicicletta, ma ti spiegherò anche come restarci sopra a lungo senza cadere e, nel caso dovessi perdere l'equilibrio o fallire, ti illustrerò come risalire, scongiurando danni attraverso particolari misure protettive.

Cadere è inevitabile quando si va in bicicletta. Si possono avere più di trent'anni di esperienza e cadere comunque di tanto in tanto. Tuttavia, chi sa come curare i graffi e rimontare in sella non ha più paura di traballare o rischiare di finire per terra. Anzi, vorrà andare sempre più spesso in bicicletta, perché si fida del mezzo e ama godersi il viaggio.

Auguro che accada la stessa cosa ai lettori di questo libro.

3

PERCHÉ L'AUTOSTIMA È IMPORTANTE AL GIORNO D'OGGI?

Che ripercussioni ha l'autostima sulle nostre vite? Semplicemente, condiziona ogni cosa: parole, comportamenti, giudizi, scelte ed emozioni. In particolare, oggi l'autostima è molto importante perché sempre più persone dichiarano di sentirsi oppresse, ovvero di sentirsi in una delle condizioni che permette di misurare la salute mentale dei soggetti. Coloro che si considerano infelici, che stanno avendo difficoltà nelle loro relazioni sentimentali, che hanno frequenti episodi di depressione o che hanno problemi nei rapporti interpersonali, infatti, potrebbero soffrire di un'autostima indebolita. L'ambiente sociale è a sua volta strettamente connesso all'autostima. Stress e pressione infiniti possono condizionare anche le persone con la più alta autostima possibile. In modo analogo, chi ha una bassa autostima può ripristinarla poco alla volta, se inserito in un ambiente sociale più favorevole.

L'IMPORTANZA DELL'AUTOSTIMA OGGI

Perché a me sembra tutto così opprimente, quando gli altri non paiono avere alcun problema a sposarsi, crescere i loro figli e gestire le proprie carriere?

I miei pazienti mi hanno posto questa domanda con sempre più frequenza negli ultimi anni. Non è mai semplice dare loro una risposta, perché io stesso ho avuto gli stessi pensieri in passato. Com'è possibile che altri medici guadagnino parecchi soldi, pubblichino articoli su riviste scientifiche e trovino comunque del tempo da dedicare alle loro famiglie nei fine settimana, mentre io ancora non possiedo una casa di proprietà, fatico a portare avanti la mia ricerca e mi sento ogni giorno esausto? Sembra che per gli altri le cose siano sempre più semplici. Escono e incontrano nuove persone per di più interessanti, si lasciano, trascorrono un paio di giorni sottotono, e poi si rimettono subito in piedi. Hanno matrimoni felici e lavori decenti.

È davvero questa la realtà? Forse sono soltanto io a essere eccezionalmente isolato e sopraffatto, mentre il resto del mondo riesce ad affrontare la vita con facilità?

La risposta è semplice: no.

PERSONE ISOLATE IN UN MONDO PRIVO DI BARRIERE

Le nostre vite sono migliorate in modo spettacolare nell'arco di poco tempo, a beneficio delle ultime generazioni. Ma i progressi della tecnologia hanno reso più complesso conservare la propria salute mentale. La storia ha dimostrato che esiste una forte connessione tra gli sviluppi tecnologici e il peggioramento della salute mentale. Basta pensare, per esempio, al forte aumento di pazienti con disturbi mentali in seguito alla Rivoluzione industriale del Regno Unito nel XVIII secolo. All'epoca, molte persone soffrivano soprattutto di dipendenza dall'alcol.

Il recente e fulmineo sviluppo dell'informatica, invece, come ha influenzato le nostre esistenze? Siamo davvero felici nella nostra vita di tutti i giorni? È così sano iniziare a controllare le notizie sul web e le previsioni meteo di prima mattina e restare connessi con il mondo attraverso diverse piattaforme fino a quando non ci addormentiamo la sera?

Gli smartphone e i social media hanno anche i loro vantaggi, ovviamente. Possiamo metterci in contatto con persone che non avremmo mai conosciuto in un'epoca in cui internet non era disponibile in tutte le case (e in tempo reale, per giunta). Chiunque sia online è un potenziale amico e tutti noi possiamo diventare i vicini virtuali di persone che vivono dall'altra parte del pianeta. I nostri amici su Facebook, X (in precedenza Twitter) e i post sui blog ci mostrano contenuti di vario tipo, spesso con case bellissime, buon cibo, viaggi all'estero, libri da leggere e hobby da ammirare, che ci fanno sentire in difetto rispetto a noi stessi. Paragonare le nostre vite a quelle felici degli altri può deprimerci e così, alla fine, l'ammirazione svanisce rapidamente e un senso di inferiorità cresce al suo posto.

Ma gli altri sono davvero felici e soddisfatti come appaiono? Non direi.

Negli ultimi anni potremmo essere diventati tutti più bravi a mantenere i rapporti e a renderci raggiungibili, ma allo stesso modo molti di noi hanno iniziato a fingere.

Viviamo in un mondo in cui le distanze virtuali tra le persone si sono colmate, ma la distanza emotiva si è accentuata. Gli individui amichevoli possono facilmente rivelarsi dei nemici. Può accadere che troviamo in noi il coraggio di aprirci, solo per venire feriti da quelli di cui ci fidavamo. A volte potremmo essere messi alla berlina a causa di commenti on line che ci riguardano e si rischia spesso di scoprire qualcuno che credevamo fosse dalla nostra parte di colpo trasformato in un avversario determinato a eliminarci. Di conseguenza, non ci sentiamo a nostro agio nell'aprirci, e quando lo facciamo censuriamo costantemente ciò che diciamo per timore di rivolte altrui. Abbiamo la possibilità di aprirci a chiunque di nostra scelta, ma non ci aspettiamo che alle persone importi davvero di sapere cosa pensiamo o sentiamo. È per questo motivo che la maggior parte di noi, sebbene sia sempre connessa, si sente terribilmente sola.

In passato, quando avevamo dei problemi ci rivolgevamo ai nostri fratelli o sorelle. Se a scuola un compagno ci rubava i soldi del pranzo, potevamo appellarci ai nostri fratelli maggiori perché se li facessero restituire per conto nostro il giorno seguente. Quando qualcuno ci insultava o feriva i nostri sentimenti, un fratello o una sorella maggiore ci consolava e ci esortava a farci valere. Ma negli ultimi anni non si può più fare affidamento allo stesso modo sui familiari, perché ogni fratello adulto è preso dalla propria vita. Non possiamo aspettarci neppure che i colleghi di lavoro o i vicini ci offrano del supporto emotivo. Siamo tutti delle isole che convivono con i propri problemi. Di conseguenza, viviamo in un'epoca in cui siamo tutti connessi attraverso moltissimi canali, eppure siamo incapaci di comunicare gli uni con gli altri.

L'AUTOSTIMA È LA RISORSA PIÙ POTENTE DI TUTTE

Non sono soltanto le persone a essere cambiate di recente. Viviamo in un mondo che pone troppe domande e avanza troppe pretese. *Come hai intenzione di guadagnarti da vivere? Come immagini che sarà la tua vita? Che percorso sceglierai, e quando lo farai? In che modo hai pianificato di raggiungere il tuo obiettivo?* Vi sono moltissime cose che siamo chiamati a decidere e giustificare. Non c'è da meravigliarsi se siamo confusi e ansiosi.

I giovani sono paralizzati dalla domanda: *In che cosa sono bravo?* Impiegano tutte le loro energie nel tentativo di rispondere a questo interrogativo. Hanno accesso a moltissime informazioni, molte di più rispetto agli adolescenti del passato, cosa che comporta un maggior numero di domande e problemi che necessitano di soluzioni. Tuttavia, le risposte sono difficili da trovare, quando si è di fronte a infinite possibilità. È questa la nostra frustrante realtà.

L'esplosione di informazioni ci ha portati a confrontare ogni aspetto delle nostre vite con quelli delle vite degli altri, compresa la nostra stessa identità. I nostri pensieri, le nostre traiettorie di vita, i nostri giudizi e i risultati che producono sono in perenne paragone con quelli degli altri. Come risultato, persino coloro che riescono a gestire la propria vita in modo efficace non possono fare a meno di domandarsi di tanto in tanto: *Me la sto davvero cavando bene?*

L'attuale ambiente sociale ha una significativa ripercussione sulla nostra autostima. Il confronto continuo con gli altri ci rende via via sempre più insicuri. Diamo la colpa al nostro contesto di riferimento, addirittura esaminiamo la nostra personalità per scovare dei problemi. Tuttavia, le risposte a queste domande non sono semplici da trovare. Sentiamo che in noi c'è qualcosa che non va, ma abbiamo talmente poco tempo a disposizione per analizzare il fulcro del problema che a un certo punto smettiamo di pensarci, lasciando indebolita la nostra autostima.

La miglior difesa contro questo tipo di difficoltà è una mente in salute. Le domande riguardo a chi siamo, se siamo o meno sulla strada giusta e se possiamo affrontare il percorso che abbiamo davanti sono tutte questioni di autostima. Un'autostima sana ci aiuta a destreggiarci tra questi dubbi e a superare i momenti più stressanti restando relativamente incolumi.

È ora che ciascuno di noi tuteli la propria autostima. Esistono centinaia di testi che offrono spunti su come essere felici, ma il punto è che la vera serenità deriva soltanto da una solida autostima: è la più grande arma che possiamo impugnare per sopravvivere nel nostro complicato mondo.

Riepilogo della lezione di autostima

- *I tre capisaldi dell'autostima sono: capacità, autonomia e sicurezza.*
- *Sicurezza in se stessi, presunzione e orgoglio sono tre concetti spesso confusi con l'autostima.*
- *L'autostima non è un'emozione. È condizionata dalle emozioni, ma appartiene alla sfera della ragione. Come tale, è qualcosa che si può perdere, ma – cosa ancor più importante – può essere ripristinata.*
- *Amare se stessi è un ottimo indicatore della propria autostima.*
- *Esiste una forte connessione tra progresso tecnologico*

e peggioramento della salute mentale. Questo incide in modo negativo sulla nostra autostima.

- *Una sana autostima ci aiuta a destreggiarci tra le difficoltà della vita e a superare i momenti più complicati restando relativamente incolumi.*

SECONDA PARTE

AUTOSTIMA E RELAZIONI SENTIMENTALI

1

MI MERITO L'AMORE?

L'aspetto sentimentale fa parte di tutti i racconti di formazione. Non sempre, però, nella vita il desiderio sessuale raggiunge il suo culmine durante l'adolescenza. Crescere significa infatti sviluppare una salda autostima, cosa che in modo naturale incoraggia una persona a cercare l'amore di un'altra. Allo stesso modo, la propria capacità di amare ed essere amati è la prima cosa che viene posta in dubbio quando l'autostima di una persona è indebolita.

I problemi nelle relazioni sentimentali sono il tema in cui mi imbatto con più frequenza nel mio lavoro di psichiatra. Ogni volta che ascolto storie complicate o dilemmi d'amore dei miei pazienti, identifico inevitabilmente un problema di autostima.

Le relazioni sentimentali sono insidiose quando la propria autostima è compromessa.

Perché diciamo di non essere pronti per avere delle relazioni

Alcune persone sono irremovibili nella loro convinzione di non meritare l'amore. Persino quando viene combinato loro un appuntamento con qualcuno di davvero affascinante e di bell'aspetto, trovano delle scuse inconsistenti per respingerlo. Se accusati di mirare troppo in alto, rivelano i loro reali pensieri sulla questione, che sono del tipo: *Più qualcuno riesce a conoscermi, più resterà deluso.*

Può essere sorprendente, ma è così: alcuni individui non vedono nulla di apprezzabile in se stessi. Molti di essi vorrebbero essere sposati, ma al tempo stesso evitano le relazioni. In alternativa, pur trovandosi in una relazione, non sono sicuri se il loro compagno sia la persona giusta da sposare. Potrebbero addirittura rivolgersi a dei chiaroveggenti per trovare delle risposte. Non sono certi di poter amare qualcuno, né di essere tagliati per una relazione che duri. Etichettano se stessi come incapaci di avere una relazione e dichiarano di non poter amare ed essere amati da una persona per il resto della vita. Questo modo di fare può portare facilmente alla convinzione di essere condannati a vivere senza l'amore. E a sua volta, il pensiero di restare soli per tutta la vita può generare un profondo senso di solitudine, che alimenta ancora di più la brama d'amore.

Nel vederli respingere le avance persino delle persone più meravigliose, altri potrebbero considerarlo un peccato ed esortare: *Perché rinunciare così presto a una persona tanto meravigliosa?* Potrebbero persino dire loro: «Tu meriti l'amore». Malgrado ciò, la convinzione di non essere amabili è potente tanto quanto un'illusione, e non è semplice da scalfire.

Queste persone all'inizio potrebbero sembrare modeste o timide, ma il ripetersi di comportamenti autodenigratori alla fine può condizionare le relazioni interpersonali e generare parecchi rimpianti. *Forse avrei dovuto impegnarmi di più in quella relazione*, si potrebbe arrivare a pensare durante la vecchiaia, guardandosi indietro.

Un'autostima debole porta alla rottura dei rapporti sentimentali, un evento che a sua volta indebolisce ancora di più l'autostima. Il più grande problema di questo circolo vizioso è che coloro che lo vivono continuano a credere, dopo la fine di una relazione, di essere immeritevoli di amore. Così facendo, acuiscono soltanto la loro autodenigrazione e accrescono la sfiducia in se stessi. Ed è questa la vera tragedia.

Mancanza di fiducia di base

Stabilire una fiducia di base è il primo passo per comprendere che meritiamo tutti di essere amati. È una virtù fondamentale nelle nostre vite. Ognuno di noi è un individuo singolo, ma siamo in grado di vivere insieme nella società perché siamo un gruppo capace di sviluppare una reciproca fiducia. I passeggeri di un treno non possono viaggiare se non hanno fiducia nel loro macchinista. Se iniziassero a domandarsi quanto il macchinista sia adeguatamente qualificato per condurre il treno, non sarebbe un viaggio semplice per loro.

A un livello fondamentale, si parla di *fiducia di base*. La prima fiducia di base che stabiliamo con un altro essere umano è quella con la nostra madre. I neonati hanno bisogno di credere che la persona che per prima si occupa di loro li nutrirà quando avranno fame e li cambierà quando avranno sporcato i pannolini. Se una madre trascura il figlio o si arrabbia quando lui piange per avere del cibo, il bambino non riesce a stabilire la propria prima fiducia di base con il mondo esterno. Qualora la madre rispondesse in modo negativo ai bisogni del figlio, questo potrebbe persino incolpare se stesso per il fatto di essere affamato e considerare la sua stessa esistenza come un fastidio.

Ma la colpa dell'assenza di fiducia di base non è completamente imputabile all'amore di una madre o allo stile genitoriale di riferimento. La fiducia di base, la cui prima espressione si forma nel rapporto tra il figlio e i propri genitori, può essere compromessa anche più avanti, nella crescita, attraverso diverse esperienze di vita.

L'INSICUREZZA ROVINA LE RELAZIONI

Quando non abbiamo fiducia nel nostro fascino o nelle nostre abilità, ci imbattiamo spesso in problemi nelle relazioni interpersonali. Il fatto è che dubitiamo del motivo per cui qualcuno ci ama, dal momento che pensiamo non ci sia nulla da amare in noi. Le persone coniugate che sono afflitte da questo tipo di insicurezza mostrano gelosia o dubitano della fedeltà del partner. Quando la propria autostima soffre a causa di difficoltà finanziarie, impotenza sessuale o altre tipologie di complessi, si può diventare sospettosi nei confronti degli altri. Alla radice di questo fenomeno c'è l'idea che *Non merito il mio partner perché sono un vero e proprio perdente.*

Quando ci troviamo in questo stato, cerchiamo di risolvere il problema imputando la colpa agli altri anziché rivolgendo lo sguardo dentro di noi e affrontando il nostro senso di inferiorità interiore. Sembra quasi che l'amare troppo qualcun altro provochi una sorta di dolore, ma in realtà è la nostra sfiducia in noi stessi ad affliggerci.

Una mancanza di autostima spesso è il motivo per cui non usciamo da una relazione abusiva, o permettiamo agli altri di approfittarsi di noi da un punto di vista finanziario ed emotivo. Siamo incapaci di troncare una pessima relazione a causa della solida convinzione che nessun altro ci amerà. La relazione va avanti perché abbiamo paura di lasciare il partner, e non perché il nostro amore può vincere su tutto.

Presta attenzione a te stesso

Sono numerosi i problemi che possono emergere quando ci consideriamo indegni di amore, ma vale la pena notare che nessuno al mondo è assolutamente e universalmente degno di amore. Nessuno è perfetto sotto ogni aspetto, così come nessuno è del tutto privo di valore. Ci sono solo persone che si considerano indegne e immeritevoli di amore.

Per scoprire se siamo davvero degni di amore, dobbiamo guardare noi stessi in modo onesto. Per esempio: *Il rapporto tra i miei genitori ha avuto delle ripercussioni su di me? E se sì, quali? Com'è la mia personalità? Quali sono i miei punti di forza e di debolezza?* Queste sono cose che dobbiamo prenderci il tempo di esplorare fino in fondo.

Puoi farlo in modo molto semplice: prendi un pezzo di carta e scrivi i tuoi punti di forza e quelli di debolezza.

Cerca le risposte a queste domande nel profondo, dentro di te. *Cosa c'è in me di così impossibile da amare? Cosa c'è in me di così indegno di fiducia?*

Una migliore conoscenza di sé rende l'affetto più profondo

L'amore è un'emozione. Non può essere forzato. Possiamo ripeterci il mantra *Io sono amabile* all'infinito, ma comunque non sentirci degni perché non amiamo mai in primo luogo noi stessi. Eppure, non si possono schioccare le dita e accendere di colpo l'amore verso di sé all'improvviso. Non funziona così.

Scrivere i propri punti di forza e di debolezza può essere un buon primo passo. Anche elaborare una lista di *quelli che gli altri considerano i miei punti di forza* funziona. Potrai pensare che le buone opinioni di chi ti conosce siano errate o che siano dovute a una valutazione basata su elementi superficiali, ma prova a scrivere comunque. Questo processo ti aiuterà a prestare maggiore attenzione a te stesso.

Il punto è che l'amore inizia sempre con l'interesse. Quando amiamo qualcuno, vogliamo sapere da dove viene e come trascorre le sue giornate. Nel tempo, i piccoli dettagli si accumulano e si trasformano in rispetto e amore. Lo sviluppo dell'amore verso noi stessi funziona allo stesso modo. Per prima cosa dobbiamo sapere chi siamo e che vita abbiamo vissuto finora.

La capacità di amare un'altra persona deriva dal sapere chi siamo. Più conosci te stesso, più sei in grado di amare.

L'esercizio di oggi per una sana autostima: scrivi di te stesso

Come primo passo, interessati di te stesso. Per imparare a conoscerti meglio, scrivi i tuoi punti di forza e quelli di debolezza nel modo più dettagliato possibile. *Quali sono i miei punti di forza e i miei punti di debolezza? In che cosa sono bravo? In che cosa non lo sono? In che cosa gli altri dicono che sono bravo?*

2

PERSONE CHE METTONO IN DUBBIO IL PROPRIO VALORE

Quando non amiamo noi stessi, ci sentiamo malissimo, ed è come avere a che fare con un bullo che ci tormenta ogni giorno. Ci sentiamo criticati e diveniamo pessimisti, anche se non abbiamo fatto nulla di sbagliato. Quando invece amiamo noi stessi, la vita diventa più semplice. Se trascorriamo del tempo da soli, è come fossimo in compagnia di un buon amico. La solitudine non può degenerare nell'angoscia, se non siamo i bulli di noi stessi, e possiamo rivolgerci all'introspezione qualora avessimo bisogno di trovare una strada e ci sentissimo persi. Questo non significa che si diventa dei solitari quando si ha stima di se stessi, bensì che si smette di aver paura di stare da soli. Avere una tale consapevolezza ci dà sicurezza e, a sua volta, scaccia via l'ansia che può subentrare quando ci si trova insieme agli altri. Tutto ciò si traduce nell'assunzione di una caratteristica positiva nella nostra personalità, che potrà farci sentire bene accetti nelle nostre comunità.

IO NON MI PIACCIO

C'è stato un periodo in cui non riuscivo a sopportare me stesso. Verso la fine del mio primo anno di scuola superiore, ho vissuto una fase di letargia. Non riuscivo ad alzarmi dal letto la mattina o a provare appetito, e avevo perso interesse riguardo ogni cosa. Avevo smesso di lavarmi e, se riuscivo ad andare a scuola, sedevo in fondo alla classe, fissavo il vuoto o dormicchiavo.

Ero stato uno studente modello per tutta la vita, ma in quel momento riuscivo a malapena a riconoscermi. Tuttavia, avevo scarse energie, troppo poche per sentirmi sconvolto sino al punto di reagire. I miei compagni di classe bisbigliavano fra loro, dicevano che dormivo in classe perché stavo sveglio tutta la notte a studiare. E io non riuscivo neppure a prendermi il disturbo di correggerli al riguardo. Non inveivo contro nessuno, né esprimevo le mie frustrazioni. Neppure la mia famiglia sembrava accorgersi di quella profonda apatia. Mio fratello maggiore pensava che fossi in ansia per via degli imminenti esami di ammissione all'università. Ero arrivato a chiedermi se alla mia famiglia importasse qualcosa di me ed ero giunto alla conclusione che non gliene importava affatto.

Un giorno, mia madre mi chiese di andare a fare una passeggiata con lei e mi portò in una libreria nei paraggi. «Prendi tutti i libri che vuoi» mi disse. Curiosai tra gli scaffali e scelsi un volume intitolato *Come amare se stessi*. Ad attirare la mia attenzione fu il sottotitolo: *Non posso amare nessuno se non amo me stesso.* Da quel giorno in poi, ogni volta che non riuscivo a trovare la forza per fare nulla, sfogliavo le pagine di quel libro.

Se ripenso oggi a quel periodo, mi rendo conto che c'era una cosa che mi provocava più frustrazione della mia letargia: non sapevo cosa mi stesse succedendo. Mi detestavo perché mi sentivo così debole, privo di motivazione e disfattista, e non riuscivo a comprendere per quale motivo mi sentissi in quel modo. Era terribile ritrovarsi in balìa del disprezzo verso se stessi. Avrebbe potuto essere meno doloroso se fossi riuscito a individuare l'esatta causa che mi aveva portato a quella condizione di impotenza, così come a quella collezione di brutti voti o di problemi con la mia famiglia.

Non ricordo i dettagli di *Come amare se stessi*, ma so che ha svolto un ruolo importante nell'insegnare al me diciassettenne per quale motivo avevo bisogno di amare me stesso e cosa sarebbe successo se non fossi mai riuscito a farlo. Ciò che appresi da quel testo mi diede il coraggio necessario per farmi strada e trovare un modo per riemergere dai periodi più difficili negli anni a venire. La domanda *Come posso amare me stesso in queste circostanze?* è diventata presto la mia bussola personale. A prescindere da quanto una persona fosse importante per me, non davo priorità alla relazione a discapito della mia autostima. Sono stato in grado di rompere di netto con persone più o meno vicine perché queste mi ferivano e mi facevano sentire infelice. Ho applicato il medesimo approccio quando ho lottato contro le dipendenze dall'alcol e dal gioco d'azzardo online. La mia vita era più importante che socializzare con gli alcolisti o collezionare vittorie al gioco.

Molti anni dopo, sono diventato uno psichiatra che cura le menti dei propri pazienti. Uomini e donne che non riescono ad amare se stessi si rivolgono a me perché sono in cerca di aiuto, e io mi sento particolarmente in dovere di guidarli per riuscire a cambiare. Questo, con ogni probabilità, è dovuto al fatto che so fin troppo bene quanto sia terribile trovarsi nei loro panni.

Quando ho vissuto un altro periodo di letargia durante i vent'anni, non sono riuscito a comprenderne la causa neppure in quell'occasione. Non ero operoso quanto avrei voluto essere, e disprezzavo questo aspetto di me. Sospetto che il motivo si celasse dietro al mio essere stato cresciuto da genitori che erano dei grandi lavoratori e, allo stesso modo, dal mio essere assuefatto dal sovraccarico di lavoro.

La sensazione di disprezzo verso me stesso mi ha tormentato anche durante l'università. La facoltà di medicina era frequentata da persone che erano più intelligenti e lavoravano più sodo di me, e che addirittura riuscivano a bere più di me. Continuavo a ripetermi che ero goffo e lento ad apprendere i concetti, rispetto ai miei compagni di classe. Il senso di inferiorità generale aumentava di giorno in giorno, ma ero troppo imbarazzato per parlarne con qualcuno. Gli amici che avevano scelto altri percorsi, lontani dal mio, che frequentavano il college oppure studiavano per gli esami di ammissione alla pubblica amministrazione, invidiavano la mia vita da universitario. Se avessi detto loro come mi sentivo, immaginavo avrebbero pensato che mi stessi lamentando per nulla. Ma, cosa ancora più importante, non sapevo come cercare empatia, dal momento che non comprendevo io stesso ciò che provavo. E così ho affrontato quel periodo senza condividere con nessuno i miei pensieri. Guardandomi indietro, mi rendo conto che è stato allora che ho imparato quanto il disprezzo di sé può far sentire una persona sola.

Sono il mio migliore amico

Tutti noi abbiamo conosciuto persone che ci piacciono e altre che non ci piacciono. È normale non apprezzare o essere indifferenti nei confronti di qualcuno. Tuttavia, l'avversione verso una persona vicina a noi può crearci dei problemi. Non possiamo aspettarci di essere felici, se nutriamo indifferenza verso i nostri partner o se non amiamo il nostro coniuge. Anche avere qualcuno che non ci piace in famiglia o al lavoro può creare dello stress. Inoltre, un matrimonio senza amore ha ripercussioni negative sui figli.

Ciò premesso, è superfluo dire che siamo infelici quando proviamo avversione verso noi stessi. Se proviamo avversione nei nostri confronti, abbiamo a che fare con una persona che non ci piace in ogni momento di ogni giornata, persino quando svolgiamo attività banali come parlare, mangiare o dormire. Ogni volta che guardiamo nello specchio, vediamo un uomo o una donna che non ci piace.

Se non amiamo noi stessi, siamo costantemente irritabili, a prescindere dalla nostra consapevolezza in merito o meno. Ci paragoniamo agli altri e ci sminuiamo per il fatto di essere troppo incapaci, troppo bassi, troppo sensibili. Immagina di avere qualcuno che ti sta tutto il giorno appoggiato alla spalla a sussurrarti nell'orecchio: «Sei un perdente. Non riesci a fare niente di giusto». Questo è ciò che significa odiare se stessi. Se di solito abbiamo la possibilità di prendere le distanze da quelli che ci attaccano, quando odiamo noi stessi non possiamo liberarci della nostra voce interna ostile. Con il passare del tempo, i costanti paragoni e le critiche si accumulano, intaccando la nostra autostima e alimentando l'atteggiamento denigratorio verso noi stessi.

Eppure, se ci pensiamo bene, quando amiamo noi stessi molti aspetti della vita divengono più semplici. Amarsi è come trovarsi in compagnia di un buon amico. Le persone che amano se stesse non hanno difficoltà ad affrontare la solitudine, e addirittura si divertono a viaggiare da sole. Provano conforto ogni volta che si guardano allo specchio e trovano rassicurante la propria voce. Sanno consolarsi e incoraggiarsi da sole. Non rivivono le loro gesta nelle proprie menti preoccupandosi se il loro comportamento possa essere stato frainteso dagli altri.

Ovvio, l'angoscia può prevalere persino se amiamo noi stessi. Potremmo venire bocciati a un esame, lasciarci con il partner o perdere un genitore. Ma quando ci apprezziamo a dovere le difficoltà non portano alla denigrazione di sé, perché siamo in grado di accettare la dura realtà per quella che è e permettiamo al dolore di assalirci e poi passare.

Se amiamo noi stessi, siamo capaci di cercare attivamente delle soluzioni. Non sprechiamo energie a criticare o incolpare la nostra persona. Proprio come un sistema immunitario sano ci aiuta a guarire con più rapidità dalle infezioni, ci ritroviamo meno vulnerabili quando siamo protetti dall'amor proprio. È come avere accanto a noi, per tutto il giorno, un amico amorevole e rassicurante.

Di' a te stesso che va bene così

Ripeti spesso a te stesso che vai bene così. Per troppo tempo ci siamo paragonati agli altri e ci siamo giudicati inferiori e deprecabili. Ci siamo inutilmente biasimati di essere anormali e inadeguati. Abbiamo vissuto nella sofferenza così a lungo, a causa di quelle ingiuste critiche. Perciò, a partire da adesso, dobbiamo pensare a rassicurarci spesso da soli, sino al punto da percepirlo come eccessivo. Si potrebbe temere che troppo incoraggiamento possa portarci a essere compiaciuti di noi stessi, ma è improbabile che accada. È particolarmente importante sforzarsi, imporsi un atteggiamento attivo, se abbiamo rinnegato noi stessi o ci siamo abbattuti per lunghi periodi. Devi dire a te stesso che non è colpa tua. Che la società e l'istruzione sono le responsabili di certi standard irraggiungibili. Sentiti libero di proiettare. Sii esageratamente generoso con te stesso e trovati delle giustificazioni. Di' a te stesso che va bene diventare compiaciuti di se stessi.

Va bene così. Va bene così, se la tua autostima è bassa. Il periodo di letargia ti permetterà di ricaricarti, il processo di guarigione ti incoraggerà a crescere. Per adesso, ti basterà ribadire spesso che te la stai cavando bene e che stai facendo quanto basta per stare meglio. Va bene se non riesci a trovare la forza di dirlo subito. Abbiamo appena iniziato, dopotutto.

L'esercizio di oggi per una sana autostima: il diario del "va bene così"

Prenditi del tempo per rivedere la tua giornata e incoraggiare te stesso. Questo esercizio ti insegnerà a essere più comprensivo verso di te, così come verso coloro che ami.

Cos'è successo oggi? Per esempio, ho letto un libro sull'autostima.

Che sentimenti ti sovvengono quando ripensi a un parti-

colare evento del passato? Per esempio, non mi
questo mi fa pensare di poter avere una bassa autostima.

Prova a dire a te stesso: *Va bene così*. Per esempio, va bene preoccuparsi che un libro sull'autostima mi faccia dubitare della mia autostima. È normale sentirsi così dopo aver letto un libro del genere. Sarebbe strano se non mi sentissi scosso. Vado bene così.

3

L'AMORE CHE ESIGE UNA CONFERMA COSTANTE

Si potrebbe presumere che le persone popolari o che ricevono il giusto amore abbiano un'elevata autostima. Tuttavia, è noto che molte celebrità al giorno d'oggi soffrono di depressione. Nonostante ampie dimostrazioni di acclamazione e attenzione popolare, alcuni di loro possono vivere in preda all'ansia, travolti dal senso di solitudine e dall'idea di non essere meritevoli di amore. Più cercano di compensare le proprie inadeguatezze abbellendo la verità e fingendo benessere, più si sentono infelici dentro. Quando la sicurezza in noi stessi è bassa, iniziamo a domandarci se c'è qualcuno al mondo che ci ama per quelli che siamo. Essendo convinti che una persona decente non potrebbe mai amarci, può accadere di innamorarci di qualcuno che chiaramente non va bene per noi.

L'AMORE VIAGGIA DI PARI PASSO CON L'OSSESSIONE

Quando l'autostima è bassa, non prendiamo sul serio le dichiarazioni d'amore delle persone di valore. All'inizio siamo scettici e, in seguito, diventiamo appiccicosi. Alcuni credono che questo sia il risultato del provare un amore troppo intenso, ma si tratta invece di *ossessione*. L'ossessione è una malattia e, come la maggior parte delle malattie, logora e può allontanare persino il partner più affezionato.

Se una relazione finisce a causa di un comportamento ossessivo, l'autostima precipita ancor di più. *Visto? Un altro che mi lascia. È ovvio che non mi amasse*, diciamo a noi stessi. Ci ossessioniamo a causa della scarsa autostima, cosa che a sua volta la fa diminuire ancora di più. È uno sfortunato circolo vizioso.

Nel suo libro *Non-possession* (Il non-possesso, *n.d.t.*), il monaco buddhista e maestro zen Beopjeong parla delle cure rivolte alla propria pianta di orchidea. Il monaco prova grande piacere nell'occuparsi di un'orchidea in vaso che ha ricevuto in dono. Annaffiarla, esporla alla luce del sole e ammirarla gli procura un'enorme gioia. Ma ben presto si rende conto che il suo amore per quella pianta viaggia di pari passo e in egual misura con le preoccupazioni che aumentano: *E se andassi via per diversi giorni e la pianta appassisse o si congelasse?*

Chiunque abbia accudito una creatura vivente, come un cane o una pianta, si può immedesimare con la storia del monaco. Quando proviamo affetto verso qualcosa, questo affetto porta con sé sia paure sia gioie. Se l'oggetto del nostro affetto è un'altra persona, lo definiamo *amore*. Due persone innamorate, seppure in visibilio l'una per l'altra, hanno anche entrambe paura che la relazione possa finire. Una nuova coppia trascorre i primi tre mesi di relazione a bisticciare e a fare la pace. Discute, risolve le proprie differenze, ripristina il reciproco affetto, dopodiché discute ancora. Attraverso questo processo, la relazione diventa stabile.

Tuttavia, per chi ha una bassa autostima abituarsi a una nuova relazione può comportare un vero e proprio periodo di stravolgimento emotivo. È difficile trovare l'amore quando si ha una scarsa autostima, ma quando accade, ci ritroviamo a discutere molto presto, scateniamo conflitti sproporzionati e fatichiamo a riconciliarci con l'altro o l'altra. E la nostra autostima soffre ancora di più perché siamo mortificati dal lato insicuro e ossessivo che l'amore fa emergere in noi.

Avevi detto di amarmi: come hai potuto?

Ci innamoriamo per molte ragioni. Perché abbiamo conosciuto una persona gentile, erudita, di bell'aspetto e sincera. Persino perché ci dispiace per lei oppure perché non riusciamo a smettere di pensarci. A volte ci innamoriamo senza alcuna possibile spiegazione.

Può accadere che finiamo per amare qualcuno solo perché questi ci ha amati per primo. In tal caso, la questione riguarda noi, e non la persona che amiamo. *Il fatto che mi ami quando nessun altro lo fa è davvero speciale,* pensiamo. Arriviamo a credere che la persona che ci ama sia *la sola persona che possa amarci.* Quando amiamo qualcuno per il suo aspetto o i suoi soldi, lo amiamo per delle qualità che possiede. Ma quando amiamo qualcuno perché questi ci ama, il pensiero implicito è che l'altro sia speciale non per una qualche qualità che gli appartiene, ma per il suo amarci benché non ce lo meritiamo.

Se la nostra autostima è in salute, agiamo in base alla convinzione di essere degni di amore. Troviamo naturale che qualcuno ci ami. Questa convinzione è un importante fondamento per alimentare l'amore.

Viceversa, se noi stessi non riconosciamo il nostro fascino o il nostro valore, l'amore diventa una sfida. Nella relazione possono esplodere delle discussioni perché dubitiamo che il nostro partner ci ami sul serio. Pensiamo di star litigando perché il nostro partner ha dimenticato un anniversario, cancellato un appuntamento o perché non ci telefona di frequente, ma il problema alla radice spesso è che pensiamo che non ci ami più o che non l'abbia mai fatto. *Se mi ami, come puoi passare così tanto tempo senza telefonarmi? Se mi ami, come puoi essere così affettuoso verso un'altra persona? Se mi ami, come puoi non ricordarti del nostro giorno speciale?* Le domande retoriche che scatenano le discussioni celano il bisogno di avere la conferma che il nostro partner ci ama. Una risposta a questo tipo di dubbi potrebbe essere: «Ti amo, certo. Ma non posso telefonarti quando sono impegnato. Se tu mi amassi davvero, saresti più comprensivo».

Peccato che dopo un altro paio di botta e risposta di questo tipo, la discussione si trasformi in un vero e proprio litigio. Un piccolo battibecco non è un problema, ma quando una coppia discute con furia per lo stesso argomento molte volte, e in sostanza dubita del reciproco amore, la causa in genere è una bassa autostima.

Quando non crediamo di meritare amore, siamo sospettosi nei confronti delle persone che ci amano. L'amore, anche quando l'oggetto è un'orchidea in vaso o un cane, richiede moltissime energie e tanto impegno. Perciò non c'è da meravigliarsi che le relazioni non durino a lungo se uno dei partner domanda di continuo con scetticismo all'altro: «Ma tu mi ami?».

Le persone con una scarsa autostima di solito parlano in codice. Per esempio, dicono «Perché ti ci è voluto tanto?» e non semplicemente *Sono arrabbiato perché sei in ritardo.* Non dicono neppure *Hai così poca stima di me da non prenderti il disturbo di presentarti in tempo.* Dietro questi messaggi si cela il sospetto. *Adesso che hai imparato a conoscermi meglio, non mi ami più.*

Con una posta così alta in gioco, il battibecco si trasforma rapidamente in un'accesa discussione perché la coppia si ritrova ad affrontare molto più di un semplice ritardo. Solo per il fatto di essere arrivato tardi a cena, uno dei partner deve chiedere scusa, offrire rassicurazione sul suo sentimento, ribadire che l'altro o l'altra continuerà a essere meritevole di amore. Il litigio stesso è così stremante che alla coppia non resta alcuna energia per discutere dei metodi con cui arrivare in orario.

Quando delle persone con una bassa autostima sono coinvolte in una relazione, si preoccupano dei difetti nella propria personalità e del proprio aspetto esteriore. I loro traumi, il bisogno di conferme e altre inadeguatezze li portano a distogliere l'attenzione dal partner. La mancanza di autostima, e non di amore, è chiaramente il problema centrale.

Battibecchi tra innamorati

Le relazioni appaiono diverse per le persone con una sana autostima. Quelli di noi che ritengono di essere meritevoli di amore non trasformano inezie emotive in ostacoli insormontabili. Possiamo arrabbiarci o preoccuparci quando il nostro partner non si presenta in orario a un appuntamento, ma questo non ci porta a dubitare del nostro valore. Se discutiamo, contestiamo il fatto che il nostro partner fosse in ritardo, ma nulla più di questo. Ci possiamo arrabbiare perché ha tenuto il telefono spento per diverse ore mentre era fuori a bere ben oltre la mezzanotte, oppure perché è arrivato molto in ritardo a un appuntamento per due volte di fila, dopodiché andiamo dritti alla ricerca di una risoluzione del conflitto insieme.

Allo stesso modo, quelli di noi che hanno una sana autostima non si arrabbiano né si fanno travolgere dal risentimento tanto spesso. Senza alcun dubbio è lecito arrabbiarsi quando sentiamo che non ci stanno trattando con l'amore e il rispetto che meritiamo, ma le liti non possono diventare feroci. Non ci feriamo reciprocamente né permettiamo che la discussione degeneri. Al contrario, se ci sentiamo feriti esprimiamo il nostro dispiacere, però poi ci mettiamo alla ricerca di una soluzione. Comunichiamo in modo chiaro al nostro partner cosa potrà fare in futuro per evitare che ci preoccupiamo ogniqualvolta sarà di nuovo in ritardo. Ci concentriamo solo sull'incoraggiare il cambiamento nel nostro partner e sull'andare incontro a lui, per incontrarlo a metà strada.

L'amore può regalarci un'intensa felicità, ma in cambio richiede un grande quantitativo di energia. Quando non la sprechiamo a interrogarci se il nostro partner ci ami davvero, o se siamo sul serio meritevoli di amore, possiamo concentrare tutte le nostre energie sulla costruzione di una relazione sana.

Una base solida per l'amore

Vedere te stesso per la persona degna di amore che sei è essenziale per coltivare una relazione amorosa. Senza questo, ti sarà impossibile avere una relazione stabile. Il motivo fondamentale per cui le relazioni falliscono nonostante i numerosi sforzi per mantenerle è che continuiamo a dimenticare che ci meritiamo l'amore.

Molti di noi amano e si impegnano per farsi amare. Cerchiamo di apparire gradevoli, modifichiamo il modo in cui parliamo o ci comportiamo, addirittura cambiamo lavoro e carriera per far funzionare una storia. Ma amare se stessi è l'elemento più cruciale, l'unico che ci consentirà di focalizzarci su una relazione con la persona che amiamo. Quando siamo insicuri riguardo al nostro valore, spesso le nostre energie vengono malriposte: ci concentriamo su noi stessi laddove dovremmo prestare attenzione al nostro partner, e dubitiamo di lui quando è di noi stessi che non possiamo fidarci.

Se questo è lo schema delle tue relazioni, cerca di modificare il tuo punto di vista. Quando scegli come vestirti o ti fai un nuovo taglio di capelli, la tua priorità dovrebbe essere avere un bell'aspetto *per te stesso*, non per gli altri. A chiunque tema che questa linea di pensiero possa rendere una persona egocentrica, vorrei dire che non c'è nulla di male. Ci preoccupiamo troppo di ciò che pensano gli altri di noi e se siamo o meno degni ai loro occhi. Dobbiamo spostare lo sguardo su di noi, essere più gentili con noi stessi e interessarci di ciò che vogliamo.

L'esercizio di oggi per una sana autostima: coccolarsi

Un gesto di affetto può essere un regalo. Quando amiamo qualcuno, vogliamo comprargli dei regali. Abbiamo a cuore i regali dei nostri partner, perché ci ricordano quanto loro ci amano. Un dono può avere un effetto molto potente.

Perciò, fatti un regalo.

Chiediti quale regalo sarebbe il più giusto per te e cosa ti renderebbe felice ricevere. E una volta scelto qualcosa, datti una pacca sulla spalla: *Ottima scelta! Sono davvero bravo a scegliere i regali!* Questo ti porterà un passo più vicino ad amare te stesso.

Alcune persone potrebbero pensare che coccolarsi sia ipocrita o esagerato. Altri potrebbero domandarsi: *Che cosa ho fatto per meritare delle belle cose?* oppure *Come farà questo oggetto ad aiutarmi ad amare me stesso?* Se scoprite di non essere disposti ad accogliere l'idea di coccolarvi, questa è un'ulteriore dimostrazione del fatto che finora avete trascurato voi stessi. Una ragione in più per iniziare a trattarvi bene. Basta che vi regaliate qualcosa che sapete possa farvi piacere.

4

COPPIE IN LOTTA CHE NON RIESCONO A LASCIARSI

Una coppia può discutere di quando in quando, ma le liti frequenti sono un campanello di allarme, e giustificare le liti frequenti associandole a una sorta di passione può essere pericoloso. Persino le coppie in cui entrambi hanno un'elevata autostima discutono, certo, ma le loro liti non degenerano. Anzi, fanno pace il più rapidamente possibile. Non litigano per intaccare l'orgoglio dell'altro. Sanno quando fermarsi.

Se dopo un anno state ancora litigando

La maggior parte dei problemi coniugali deriva dai differenti stili di comunicazione delle persone che compongono la coppia. Cresciute da genitori diversi, in diverse località e circostanze, due persone sono destinate a comunicare per tutta la vita in modi differenti. Per questa ragione ci saranno dei conflitti nel primo periodo insieme ma, dopo aver superato la fase di adattamento, i due individui impareranno a parlare l'uno con l'altro, e solo attraverso questo processo il loro legame verrà rafforzato.

Le coppie iniziano a litigare con meno frequenza e raggiungono un periodo di stabilità dopo i tre o i sei mesi di relazione. Se la coppia non riesce a raggiungere un compromesso, scoppia. Ma se una persona ha un'autostima considerevolmente più bassa rispetto all'altra, la relazione si blocca in un limbo. I due continuano ad attaccarsi e ad attribuirsi colpe, divenendo incapaci di amarsi reciprocamente o di lasciarsi.

Se hai vissuto una relazione per oltre un anno e le liti non sono ancora terminate, verifica le condizioni della tua autostima. Alcune coppie si fanno vanto della propria capacità di fare rapidamente pace dopo i litigi frequenti, ma non c'è nulla di cui vantarsi in realtà. Anche se riusciamo a risolvere un'intensa discussione e a uscirne senza risentimenti persistenti, non possiamo cancellarne l'impatto sul nostro cervello e sulla nostra pelle.

D'altronde se vinci un litigio, cos'hai guadagnato? Hai appena sottomesso la persona che ami. Quando riesci a *sconfiggere* il tuo partner grazie alla tua eccellente logica e alle tue prodezze verbali, non puoi evitare di pensare che il tuo partner non sia eloquente quanto te. Potresti goderti la vittoria momentanea, ma alla fine ti riscoprirai insoddisfatto di vivere con un partner verbalmente inetto. Dall'altro lato, lo sconfitto subisce uno stress persino maggiore. Il partner sottomesso viene sopraffatto dal profondo scoraggiamento derivato dal vedersi attaccare dalla persona che dovrebbe amarlo.

Il punto è che una coppia è una squadra. Anche nelle migliori squadre ci sono disaccordi, ma sabotare il proprio gruppo è un comportamento insensato.

La vera ragione per cui litighiamo

Le persone che non riescono a fidarsi di loro stesse non hanno fiducia neppure nelle relazioni che creano con gli altri. Innanzitutto, non sono sicure se intraprendere una relazione sia stata la giusta decisione sin dal principio. Continuano a domandarsi: *È il momento giusto per me per frequentare qualcuno? Questa è la persona giusta per me? Non finirà anche lei per lasciarmi?*

Essere attratti da qualcuno o ritrovarsi ad avere una cotta riguarda l'istinto. Invece, frequentare qualcuno è diverso. La frequentazione è una decisione, non un'inclinazione. Una cotta è una sensazione, mentre avere una relazione è una scelta consapevole. Se non puoi fidarti del tuo giudizio, la relazione che hai scelto di avere ti creerà ansia.

Lo stesso vale per coloro tra noi che non amano loro stessi. Non importa quanto siamo amati, perché tanto non riusciamo a comprendere per quale motivo la persona con cui stiamo ci ami. Ci domandiamo: *Perché qualcuno di così eccezionale vuole stare con me? Forse gli piace solo il mio aspetto?* Diventiamo sospettosi e il nostro scetticismo riguardo alla relazione diviene presto evidente.

Se sottovalutiamo noi stessi, di contro pretendiamo troppo dalla nostra storia d'amore. Anziché sentirci felici in una normale relazione sentimentale, ci aspettiamo una profonda connessione a un livello basilare e metafisico. Vogliamo compensare l'amore che non abbiamo ricevuto da bambini o ci aspettiamo una potente e travolgente emozione anziché una semplice frequentazione.

Quando ci troviamo in questo stato, non possiamo creare delle connessioni emotive stabili. Siamo ansiosi prima degli appuntamenti e dubitiamo persino quando il partner ci dice: «Ti amo». La nostra ossessività e il nostro nervosismo aumentano via via che ci innamoriamo sempre di più. Nel frattempo, sprechiamo energie nel tentativo di placare le nostre paure. Di conseguenza, creiamo un ambiente predisposto al conflitto.

Infliggere ferite profonde

La differenza tra una lite e una discussione è che la prima mira ad aggredire. Quando degli innamorati litigano, c'è molto di più in gioco rispetto a quando lo fanno degli estranei. Due persone che sono in intimità, e che conoscono chi hanno davanti molto meglio di chiunque altro, possono infliggersi reciprocamente delle ferite profonde. Una lite con la persona che ami può annientare l'ultimo brandello di autostima che ti resta.

È per questo motivo che le liti tra innamorati e tra coniugi possono essere tanto dannose. Più in intimità sono due persone, più conoscono le debolezze dell'altro e i tasti da toccare. In certi litigi, la reciproca conoscenza intima si trasforma in un'arma. «È sempre stato questo il tuo problema. È per questo che non ti fai rispettare al lavoro. Sei proprio come tua madre.» La lite nelle coppie non deve per forza essere fisica perché ci si ritrovi feriti e devastati.

È doloroso scoprire che non si è capaci di amare in modo sano. Un segnale frequente? Iniziamo a nascondere delle cose al nostro partner, tra cui la nostra bassa considerazione di noi e la sfiducia verso la coppia. L'amore, che dovrebbe alimentare la nostra autostima, ci porta invece alla denigrazione di noi stessi.

N DOVREBBE FARE COSÌ MALE

abbiamo delle fantasie riguardo all'amore, per esem ... al fatto che ci renderà felici. Questa convinzione è diffusa sia nella cultura orientale sia in quella occidentale, da *Chunhyang* a *Cenerentola*. Pensiamo che il vero amore possa guarire ogni dolore.

Lo stesso vale per l'autostima. Molte persone credono che l'amore alimenterà l'autostima. Individui con dei trascorsi dolorosi sperano di guarire dai loro traumi attraverso l'amore. Di conquistare così addirittura la felicità. Allo stesso modo in cui, una volta ripristinata l'autostima, una relazione sentimentale è la prima cosa verso la quale gravitiamo, cerchiamo l'amore quando l'autostima è a livelli bassi.

È per questo che le persone con una scarsa autostima hanno difficoltà a mettere fine a una relazione. Continuano a condurre con sofferenza una vita di coppia che non desiderano. Si lasciano svuotare dal punto di vista emotivo e spesso sono depresse, ma comunque non riescono a trovare il coraggio di rompere. Sopravvivono grazie all'occasionale *ti amo* o agli accenni di affetto che non si basano su alcuna prova reale, e mantengono in vita un rapporto senza nutrire alcuna speranza. Mentre gli sconvolgimenti emotivi continuano a logorarle, proteggono la relazione con tutte le loro forze, con la convinzione che nessun altro al mondo le amerà o che non sopravviverebbero alla rottura. Sprofondano nella disperazione, convinte che portare avanti una storia, a prescindere da quanto sia distruttiva, sia la loro unica speranza. La relazione diventa così solo una fonte di tristezza.

Una cosa sorprendente che ho scoperto lavorando come psichiatra è la quantità di pazienti che confondono la tristezza con l'amore. Pensano di star sperimen renza dell'amore, se si ritrovano a piangere depressi a causa della paura o consumati da verità è che il dolore è semplicemente dolore. Per citare i The Everly Brothers, *Love Hurts*. Vale a dire: *l'amore fa male*. Ma un amore che fa troppo male non è amore. Talvolta, porre fine a una relazione è la scelta più rapida e semplice per raggiungere la felicità.

L'esercizio di oggi per una sana autostima: la preghiera dell'amore

Non devi per forza amare per il resto della tua vita la persona con cui stai. Anzi, potrebbe addirittura essere una buona idea chiudere con lui o lei il prima possibile. Questo non è un invito a sabotare la tua relazione attuale, se sei innamorato o innamorata, né di farti preoccupare all'idea che la tua relazione possa presto finire. Non mettere alla prova o tormentare la persona che ami e prega che, di conseguenza, il tuo amore si intensifichi.

L'amore è un sentimento complicato che crea spesso confusione. Alcuni confondono la sfiducia e la prepotenza con l'amore. La cosa importante nell'amore è abbandonarsi al sentimento. Perciò ogni notte, prima di andare a letto, recita un mantra, una preghiera: *Fa' che il mio amore per questa persona aumenti*.

5

SUPERARE LA PAURA DELLA ROTTURA

Alcune persone sono insolitamente spaventate all'idea di mettere fine a una relazione. Anche quando non desiderano più portarla avanti, la paura di porvi fine impedisce loro di lasciare il partner. Amici e familiari potranno consigliare di voltare pagina, persino loro stessi potrebbero rendersi conto che non c'è speranza di salvare quella relazione, eppure non riescono a decidersi a prendere strade separate. Tollerano l'infelicità, a volte restano addirittura insieme a un partner che li trascura o abusa di loro. Potrebbero arrivare a dare considerevoli somme di denaro al partner senza pretendere che venga restituito nulla solo perché temono che far valere i propri diritti potrebbe porre fine alla relazione.

La Clinica della rottura

La Clinica della rottura (*The Break-up Clinic*) è una sezione del mio blog online. Molte persone che sperimentano una soverchiante paura di fronte alla prospettiva di chiudere una relazione, o che faticano a riprendersi da una storia finita, vengono nel mio studio per un consulto dopo aver letto dei post su questa sezione. Tuttavia, la difficoltà nel tagliare i ponti non si applica soltanto alle relazioni sentimentali.

Le persone che cercano aiuto alla Clinica della rottura in genere fanno parte di due categorie. La prima è quella di chi idealizza in maniera eccessiva l'ultimo partner che ha avuto. Questi pazienti spesso dichiarano che i loro ex erano la persona perfetta per loro. Li mettono su un piedistallo e sono incapaci di pensare razionalmente a causa della tristezza e dello shock che ancora riecheggia in loro dopo la rottura. Gli appartenenti al secondo gruppo, invece, sviluppano una dipendenza dall'autocommiserazione e dalla sofferenza. Affogano nella tristezza e nell'infelicità provocate dalla rottura. Piombare nell'autocommiserazione è quasi come trovarsi in uno stato di ebbrezza. Una volta che si inizia a provare pena per se stessi, è facile lasciarsi prendere la mano. Non sorprende che chi si abbandona di frequente all'autocommiserazione abbia un maggiore rischio di sviluppare una dipendenza dall'alcol. Dal momento che si considerano patetici, arrivano a bramare compassione da parte propria e di tutti gli altri.

Le persone che hanno paura delle rotture spesso le stigmatizzano considerandole esperienze totalmente negative. Si comportano come se la vita stessa finisse dopo la chiusura di una relazione, soccombendo alla disperazione anziché prendersi il tempo per rendersi davvero conto di quali aspetti nella rottura provochino maggiore sofferenza in loro.

Il punto è che temono la solitudine. Identificano l'essere soli con il sentirsi infelici e credono che non potranno mai essere felici senza un partner. Si considerano troppo deboli e impotenti per fare qualunque cosa per conto proprio, perciò non riescono a mettere fine a relazioni che non funzionano più.

Sottovalutano loro stessi, pensando: *Ho bisogno di quella persona. È l'unica che mi ama*, oppure *Nessuno mi ha mai amato come lui o lei.*

Ricordi angoscianti dell'abbandono

La paura delle rotture spesso è collegata alle ferite del passato, in particolare al trauma dell'abbandono. Molte di queste associazioni negative si formano quando un bambino viene lasciato da solo in casa tra i sette e i dieci anni. Se si verifica qualcosa di spaventoso o spiacevole mentre il bambino è a casa da solo, questo può crescere con la profonda paura di restare da solo e in difficoltà. Questo timore costante spesso genera del risentimento verso i genitori, che vengono colpevolizzati per aver *abbandonato* il figlio. I ricordi di essere stati trascurati e privati di protezione possono rendere una persona adulta timorosa all'idea di ritrovarsi di nuovo in quella posizione di vulnerabilità.

Se un bambino viene elogiato per il proprio coraggio dopo essere rimasto a casa da solo e in preda alla paura, l'esperienza potrebbe non sortire effetti negativi, perché per lui diventerà un'opportunità di vincere l'ansia e di formare il proprio coraggio. Tuttavia, se il bambino è vittima di gravi incidenti quando è da solo, come per esempio delle molestie sessuali, questo evento provocherà una ferita duratura. Anche senza gravi incidenti, però, una mancanza di sufficiente comprensione verso la sua ansia di restare solo può a propria volta lasciare delle cicatrici. Il bullismo e l'isolamento durante l'infanzia possono generare in una persona la paura di venire abbandonata.

Porre fine a una relazione è difficile per tutti

Le rotture non sono facili. Se perdere un oggetto a cui si teneva da molto tempo può farti sentire vuoto e in preda all'ansia, non c'è da sorprendersi che separarsi da una persona possa essere doloroso. È importante però ricordare che vivere la fine di una relazione è difficile per tutti quanti. Se fatichi ad accettare una rottura, sappi che è un'esperienza umana comune. Ciascuno di noi la vive a modo proprio. Alcuni l'accettano e la considerano una mossa del destino, proprio come faccio io – anche se mi ci è voluto del tempo per arrivare a pensarla così. Ognuno ha un modo diverso di reagire, che può evolversi nel corso del tempo.

Sii gentile con te stesso e accetta il modo in cui reagisci a una rottura. Alcuni piangono per giorni, altri ridono come se non fosse successo nulla, alcuni si arrabbiano, e altri ancora si sentono intorpiditi. Non c'è una regola su come reagire né è proibito arrabbiarsi o tenere i tuoi sentimenti sepolti dentro di te.

La rottura come opportunità per prendersi cura di sé

Non dobbiamo per forza etichettare una rottura come qualcosa di completamente sfavorevole. Proprio come non esistono eventi del tutto positivi, non ne esistono neppure altri che siano del tutto negativi. Ritrovarsi da soli dopo la fine di una relazione potrebbe farti avvertire un senso di solitudine, ma può anche regalarti una nuova libertà. Me ne sono reso conto mentre mi occupavo di alcune madri trentenni che combattevano contro la depressione. Il loro desiderio comune era *poter stare da sole*. Dal momento in cui una madre resta incinta, questa perde la propria libertà, perché è costantemente chiamata a fare della salute del figlio la sua principale priorità. Perde l'autonomia su cosa mangiare, bere e su quali attività svolgere. E quando nasce il bambino, la madre riesce a malapena a trovare il tempo per i propri bisogni fisiologici di base come mangiare, dormire o semplicemente andare al bagno.

Sia le mamme lavoratrici sia le mamme a tempo pieno di rado hanno il tempo di riposare o di godersi una buona nottata di sonno. Per queste ragioni, tutte bramano disperatamente la libertà. Hanno bisogno di spazio e avvertono la nostalgia della sensazione di solitudine. «Voglio solo poter andare a correre in un parco deserto» mi disse una volta una paziente, in lacrime.

Al contrario, molte donne di cinquanta e sessant'anni sono straziate all'idea di venire abbandonate. Dopo vent'anni a pregare per il giorno in cui i loro figli avrebbero abbandonato il nido, alcune madri si ritrovano in difficoltà di fronte al senso di svuotamento che provano quando giunge davvero quel fatidico momento delle loro vite. Nel frattempo, quelle che riescono a gestire lo squilibrio ormonale associato a quel particolare periodo si godono la propria ritrovata libertà, riconoscendola come un'opportunità di vivere senza doversi occupare dei bisogni della propria famiglia.

Quando ti ritrovi a essere solo, vedila come una preziosa opportunità per fare qualunque cosa tu voglia con il tuo tempo e le tue risorse. Sebbene stare insieme a una persona amata procuri gioia, dall'altro lato stare in coppia determina anche una buona dose di limitazioni. Devi tenere in considerazione e rispettare i sentimenti del tuo partner tanto quanto ricevi amore e rispetto da parte sua. Quando sei solo, invece, puoi concentrarti su te stesso senza dover attendere l'approvazione di nessuno né dover sopportare assillanti consigli non richiesti.

Quando un paziente è in difficoltà dopo una rottura, gli raccomando spesso di fare un viaggio. Viaggiare da soli può sembrare un po' strano all'inizio, ma la maggior parte delle persone lo trova incredibilmente soddisfacente, una volta partite. Puoi scegliere in autonomia le date del viaggio, il mezzo di trasporto che preferisci e il tuo itinerario senza doverti coordinare con nessun altro. Anche se la destinazione si rivelasse essere non proprio ideale, non ha importanza. Una volta sperimentata questa libertà, ti ritroverai ad apprezzare il valore della solitudine e arriverai persino a capire che essere soli non è poi così male, dopotutto.

Dopo essersi separati da una persona amata, è importante prendersi del tempo per riflettere su ciò che si è guadagnato e appreso dalla relazione. Non è necessario pianificare un viaggio elaborato, anche una gita in giornata o tornare a visitare luoghi già visti può essere soddisfacente. Personalmente, io vagavo per zone familiari di Seoul. Prendevo la metropolitana e fingevo di essere uno straniero appena arrivato in città. Abbandonarmi a questo stato mentale rendeva piacevole l'esperienza. Se non fosse stato per ritrovare la mia libertà, non avrei provato a farlo.

L'esercizio di oggi per una sana autostima: dire addio alle cattive abitudini

Le rotture offrono un'eccezionale opportunità per sviluppare la resistenza alla solitudine. Non importa quanto felice tu sia in questo momento, un giorno o l'altro affronterai inevitabilmente una separazione dolorosa. Fare pratica in questo senso può aiutare a mitigare l'impatto psicologico quando un evento di distacco si verificherà (ovviamente, questo non significa che stai per porre fine alla tua relazione sana con il tuo partner o con i membri della tua famiglia).

Con questo esercizio ti allenerai ad allontanare le cattive abitudini. È il momento di rinunciare ad abitudini come dormire fino a tardi, abbuffarsi di sera o bere e fumare in maniera eccessiva. Le cattive abitudini spesso portano alla dipendenza e ci rendono schiavi dei vizi. Sbarazzarsene, invece, ci garantisce la libertà. Perciò, fa' una lista delle abitudini che vorresti perdere ed evidenzia i benefici del liberartene

Alcuni esempi.

- *Voglio perdere l'abitudine di abbuffarmi la sera. Questo migliorerà la mia salute.*
- *Voglio smettere di essere critico con me stesso. Questo mi aiuterà a sentirmi più sicuro di me.*
- *Voglio evitare di cambiare sempre corsia per superare altre auto. Questo ridurrà il rischio di incidenti.*
- *Voglio ridurre il tempo che passo davanti agli schermi. Questo ridurrà il mio senso di affaticamento e mi procurerà più tempo libero.*
- *Voglio evitare di soffocare le emozioni solo per esplodere*

in un secondo momento. Questo preverrà sentimenti di rimorso e sensi di colpa.

- *Voglio smetterla di telefonare al mio ex in piena notte. Questo mi risparmierà vergogna e imbarazzo.*

6

INDOSSARE UNA MASCHERA PER PAURA DI NON ESSERE APPREZZATI

Alcune persone sono straordinariamente allegre e amichevoli. Attirano l'attenzione degli altri non appena entrano in una stanza. Si comportano come se in te avessero trovato un amico per la vita, dando sfoggio di un livello di intimità e addirittura flirtando come se fossero ammaliate da te. Potresti sentire di aver creato con loro un legame immediato e profondo. Tuttavia, se ci rifletti bene, potresti renderti conto di non sapere quasi nulla di loro. Questa tipologia di persone tende a mostrare soltanto i lati migliori, creando di rado delle sincere connessioni con gli altri. Le vere relazioni implicano l'accettazione dei reciproci difetti, non solo della graziosa facciata esteriore.

DESIDERARE L'AMORE VS TEMERE L'ASSENZA DI AMORE

In molti desiderano essere amati. Per quanto vivere in modo indipendente possa rendere felici, per natura gli umani sono creature sociali. Essere rispettati e apprezzati dagli altri è un requisito fondamentale per la nostra autostima. Il modo più semplice per iniziare a considerarsi una persona degna di amore è ricevere amore da parte degli altri.

Il desiderio di essere amati non è di per sé problematico. Le difficoltà si manifestano quando riponiamo eccessiva importanza nell'essere amati, perché questo naturale desiderio può facilmente trasformarsi in un'ossessione. La paura di non essere amati può accrescere e accentuarsi tanto quanto il desiderio di essere amati. L'ansia che ne consegue è il tema centrale del bestseller di Ichiro Kishimi *Il coraggio di non piacere*, che racconta una paura comune a molti di noi.

Così come un intenso desiderio di superare un esame può alimentare la paura di venire bocciati, la pressione di vincere una partita può compromettere la performance. I genitori che desiderano in maniera eccessiva che i loro figli vengano amati da tutti potrebbero dire cose del tipo *Verrai emarginato se farai questo* o *Cosa penserà la gente?* Quando i familiari danno estremo valore all'approvazione sociale potrebbero instillare nei loro figli la convinzione che le conseguenze del non essere amati siano catastrofiche. Questa ossessione verso l'approvazione altrui può quindi trasformarsi nella paura di non essere apprezzati.

Ricercare la felicità vs evitare l'infelicità

Le persone che si focalizzano su ciò che vogliono spesso visualizzano nella loro testa il momento in cui hanno raggiunto gli obiettivi. Gli studenti che vogliono eccellere a scuola immaginano di esserci riusciti e cercano di emulare i comportamenti che conducono a dei buoni voti. Anche quando falliscono nel loro obiettivo, tendono ad analizzare cosa non abbia funzionato e si sforzano di produrre risultati migliori la volta successiva.

Di contro, quelli che ambiscono a evitare ciò che non vogliono si complicano le cose da soli. Quando l'obiettivo è evitare una prestazione scolastica deludente, per esempio, l'implicita motivazione spesso è la convinzione che uno studente che ha pessimi risultati sia indegno. Questo pensiero sottostante si differenzia rispetto a quello di coloro che credono che i buoni voti generino approvazione. Quando l'obiettivo di uno studente è evitare un pessimo voto, qualunque risultato basso può essere devastante, perché significa esser diventato ciò che non si vuole essere. Alcuni giovani associano il proprio valore ai voti scolastici, cosa che può determinare un'immagine di sé negativa che deriva dall'accostare *studente che prende brutti voti* a *persona indegna*.

Quando ci concentriamo sull'avere successo a scuola, naturalmente prestiamo maggiore attenzione alle strategie degli studenti con ottimi risultati e apprendiamo in che modo riescono a superare le sfide. Viceversa, concentrarsi sull'evitare il fallimento porta alla comprensione delle caratteristiche e delle esperienze delle storie più deludenti. Un'attenta ricerca sul modo in cui vengono affrontati esternamente i fallimenti e su quanto devastante possa esserne l'impatto ci porta a sviluppare una paura verso simili esiti.

Se otteniamo sempre i voti che desideriamo o ci aspettiamo, inseguire quello che vogliamo ed evitare ciò che non vogliamo potrebbe guidarci verso risultati simili. Eppure, la maggior parte delle vite comprende alti e bassi, include periodi di difficoltà. La differenza tra ambire alla felicità ed evitare l'infelicità risulta evidente quando ci imbattiamo negli ostacoli del nostro cammino.

GLI OBIETTIVI NEGATIVI ALIMENTANO LA PAURA

Cosa succede quando qualcuno non ambisce a essere amato, perché teme di non essere degno? In questo caso, la paura del rifiuto porta il cervello a evocare scenari in cui non si viene amati: essere ignorati dagli insegnanti, evitati dai coetanei, divenire oggetto di chiacchiere a scuola o sul lavoro, sentirsi soli. Per evitare questi scenari, ci si sforza di essere apprezzati, sorridendo sempre e tentando di apparire e comportarsi in modo affascinante.

Per sfortuna, non possiamo evitare le battute di arresto. È possibile che persino le persone più degne di amore sulla Terra non siano adorate da tutti. Capita ai migliori, ma anche a noi: per esempio, quando la persona con cui abbiamo trascorso una splendida serata non ci chiama più oppure veniamo scaricati dal nostro partner.

In situazioni del genere, le persone con obiettivi negativi tendono a soffermarsi sulle proprie mancanze e a domandarsi cosa in loro le renda indegne di amore. Si concentrano su quelli che percepiscono come loro difetti e ripensano a ogni parola e gesto che potrebbe averle fatte apparire sotto una luce negativa. Forse si sono arrabbiate in modo esagerato oppure si sono dimostrate avide. Iniziano a spuntare fuori pensieri come *La gente sarà delusa da me* o *Mi disprezzeranno.* E ad aggiungere benzina sul fuoco, subentra l'immancabile e problematica percezione di essere particolarmente pieno di difetti – *Sono troppo diverso!* – che instilla in loro la convinzione che gli eccezionali difetti li rendano ancor più indegni di amore. La paura, dunque, si accumula fino a rischiare di scatenare un'esplosione emotiva.

La paura non è un vaccino

Certi modi di pensare non sono razionali. Amici e familiari potrebbero dire: «Perché qualcuno dovrebbe essere deluso da te? Sei così adorabile e in gamba». Se la persona in questione capisse che i suoi amici e familiari hanno ragione, sarebbe l'ideale. Se riuscisse a superare davvero la sua paura, potrebbe semplicemente replicare: «Avete ragione. Devo essere stressato dal lavoro. Non c'è nulla che non va in me».

Tuttavia, quando siamo in preda a certi timori, l'obiettività diventa impossibile. La logica non riesce ad abbattere le barriere emotive che ci costruiamo. La paura del rifiuto e dell'isolamento può essere così soverchiante da bloccare la capacità di comunicazione con gli altri. La conversazione, uno scambio logico di idee tra due persone, non può progredire quando uno dei due è bloccato su una convinzione di inadeguatezza: *Ho paura di essere una delusione per gli altri; di certo lo sono per me stesso.*

L'angoscia associata all'idea di non essere amati viene amplificata dalle precedenti esperienze di rifiuto. Ogni minima critica da parte di un capo può scatenare profondo sconforto e ansia; un piccolo commento da parte di un superiore può ridurti in lacrime e convincerti che nessuno al mondo ti apprezzi. La paura può anche scatenare una sensazione di ingiustizia e di rabbia perenne.

Chi ha timori sedimentati nel profondo spesso interpreta le critiche come un attacco al proprio carattere, e non semplicemente al proprio operato. Pensano: *Perché mi odiano così tanto?* Inoltre, coloro che sono già insoddisfatti di sé sono di gran lunga i peggiori in queste situazioni. Potrebbero pensare: *Faccio davvero pena in tutto quello che faccio. Non c'è da me-*

ravigliarsi che il mio capo mi abbia rimproverato. Credono di essere stati smascherati per l'imbroglio che sono, poi si condannano all'autoflagellazione.

Una scarsa autostima non soltanto danneggia le relazioni, ma può essere anche il risultato di rapporti problematici. Affrontare il conflitto e sentirsi feriti porta ad avere pensieri autodenigratori come *Non sono professionale* oppure *Sono così sensibile che mi faccio condizionare per tutta la vita da piccole critiche.*

Purtroppo, la fonte delle paure debilitanti e irrazionali si può ricondurre all'infanzia. Nel disciplinare i figli, i genitori potrebbero dire: «Le persone non ti apprezzeranno se ti comporterai in questo modo». Spesso si crede che instillare la fobia del rifiuto in un figlio lo porterà a impegnarsi per essere gradevole, ma le cose non funzionano così. La paura non è un vaccino contro i cattivi comportamenti. Tutt'altro: impoverisce l'autostima, che funge da anticorpo quando veniamo attaccati dal virus del rifiuto. In assenza di autostima, paura e ansia prendono il sopravvento, privandoci della possibilità di valutare le situazioni con chiarezza emotiva.

La sicurezza in se stessi è affascinante

Nessuno è universalmente apprezzabile. Siamo destinati ad affrontare i rifiuti, così come le delusioni. I nostri cuori non possono essere riempiti solo con la bellezza. Tutti quanti hanno dei problemi dentro di sé. Coviamo avarizia, gelosia, persino alcuni desideri che potrebbero sconvolgere gli altri. Potremmo avere una carenza di sicurezza in noi stessi o il bisogno di appoggiarci agli altri per avere sostegno. Tuttavia, ci limitiamo a tenere nascosta la maggior parte di queste cose. L'insieme di questi elementi combinati tra loro è chiamato *Es*. Ciascuno di noi ha un ego, un sé benevolo che lo controlla, un Super-Io. Laddove bellezza e fascino rappresentano il Super-Io, l'Es è il lato di noi che preferiamo tenere nascosto. Tutti quanti, che siano amati o amino qualcun altro, hanno un Es. Di conseguenza, non c'è bisogno di sentirsi in imbarazzo per il fatto che si abbia un Es.

Se non sei amato, non è colpa tua. Così come venire bocciato a un esame non fa di te un pessimo studente.

L'esercizio di oggi per una sana autostima: chiedi scusa a te stesso

Questa sera, mettiti di fronte a uno specchio e chiedi scusa a te stesso. Pronuncia ad alta voce: «Mi dispiace di odiare me stesso per delle cose tanto insignificanti. Mi dispiace quando non sono sicuro di me e nascondo i miei veri sentimenti».

Siamo davvero poco affettuosi nei confronti di noi stessi. Non riusciamo ad accettarci per come siamo. Non ci piace il nostro aspetto, la nostra personalità o la nostra situazione nella vita. Ci vergogniamo della nostra realtà e dei sogni inespressi.

Meritiamo di meglio, e per ottenerlo dobbiamo iniziare dal chiedere scusa a noi stessi. Questo gesto sancisce il passaggio tra i noi del passato con una bassa autostima e i noi del presente che si sforzano di cambiare.

Quando chiedi scusa a te stesso, evita di addurre scuse inutili. Non pensare: *Mi sono impegnato troppo perché volevo avere successo* o *Se fossi una persona più competente, non avrei tanta paura di fallire*. Limitati a riconoscere i modi in cui hai fatto del male a te stesso e chiediti sinceramente scusa per questo.

Conclusioni della seconda parte

NON È COLPA DELL'AMORE NÉ TANTOMENO TUA

Se hai problemi di autostima, è probabile che tu abbia difficoltà anche con l'amore. Sarai sospettoso riguardo al fatto di desiderarlo o meno, passerai più tempo a discutere che a goderti i momenti trascorsi insieme al tuo partner, ti arrabbierai di frequente per l'indifferenza che pensi di subire o ti sentirai da solo perché penserai di amare il tuo partner più di quanto lui o lei ami te. Potresti persino detestare i sentimenti che provi e precipitare nel senso di colpa verso te stesso.

Sappi che non c'è bisogno di aspettare di aver ripristinato del tutto la tua autostima per poter amare. La società fantastica sull'amore perché è in effetti uno dei sentimenti più potenti, che può al tempo stesso scalfire la tua autostima e guarirla.

Se sei in una relazione problematica ma non riesci a uscirne, è probabile che vi sia una ragione. Potrebbe essere meglio discutere insieme al tuo partner con la speranza di sistemare le cose anziché lasciarsi del tutto, se persiste dell'affetto fra voi. Quando ti trovi in dubbio, non affrettarti a mettere fine alla storia o a fartene una colpa se non riuscite a risolvere i conflitti.

Le tue difficoltà potrebbero derivare da diverse fonti che sono al di là dell'autostima. Potresti essere scoraggiato o stressato da problemi economici, per esempio. Non saltare alla conclusione che l'amore sia l'unico problema, o che l'amore per sua natura sia doloroso e non faccia per te. È sufficiente rendersi conto che i tuoi problemi di autostima potrebbero rendere difficoltosa l'intimità emotiva. Abbiamo ancora molto da discutere, e il vero viaggio inizia adesso.

Riepilogo della lezione di autostima

- *La capacità di amare ed essere amati è la prima cosa che viene messa in dubbio quando l'autostima è indebolita.*
- *La fiducia è un valore essenziale ed è il primo passo verso l'accettazione di sé e dell'idea che siamo meritevoli di amore.*
- *Quando si insinua il dubbio verso noi stessi, è importante affrontare il senso di inferiorità intrinseco in noi.*
- *Più conosci te stesso, più sarai in grado di amare.*
- *Prenditi del tempo per essere la tua personale cheerleader. Lavora sull'essere generoso e sull'incoraggiare te stesso. Gli sforzi fatti in questo senso traspariranno.*
- *I dissensi nelle relazioni possono quasi sempre essere attribuiti a una scarsa autostima.*
- *A volte, è facile confondere la tristezza con l'amore. La verità è che il dolore è semplicemente dolore. Se ti ritrovi a piangere per la rabbia o ti senti depresso a causa della paura, chiudere una relazione non sana potrebbe essere la strada più rapida per la felicità.*
- *Mirare alla felicità ed evitare l'infelicità non è la strada logica per ottenere il successo o la serenità nella vita.*
- *La paura è spesso irrazionale: non lasciare che controlli o annebbi la tua razionalità emotiva.*

TERZA PARTE

AUTOSTIMA E RELAZIONI SOCIALI

1

QUANTI RICONOSCIMENTI RICEVO?

L'autostima, nella sua accezione più comune, significa *rispetto di sé*. Si riferisce a quanto rispetti te stesso e ti percepisci come una persona degna di valore. C'è una consapevolezza crescente riguardo all'importanza dell'autostima, e questo è evidente negli odierni libri sulla genitorialità, che mettono in risalto il valore dell'elogio e dell'esprimere con chiarezza l'amore ai propri bambini. Grazie a un maggiore impegno da parte dei genitori di oggi, più coscienziosi se paragonati a quelli di anni fa, è probabile che gli adulti di domani avranno un'autostima più elevata rispetto alle generazioni precedenti.

Sfortunatamente, molti degli adulti di oggi non sono cresciuti sentendosi dire frasi come: «Sei una persona degna di valore». Al contrario, venivano rimproverati con molta più frequenza per gli errori o addirittura erano sottoposti a punizioni severe. In passato la genitorialità implicava critiche dirette e la necessità di scatenare la vergogna per assicurarsi l'obbedienza.

I bambini cresciuti con la consapevolezza di essere degni di valore e sapendo che la loro stessa esistenza era una benedizione con ogni probabilità oggi hanno un'autostima più elevata. Tuttavia, se tu non eri uno di quei bambini, non c'è bisogno di colpevolizzare i tuoi genitori o la società. Certi comportamenti erano la norma, un tempo, e la maggior parte dei bambini è stata allevata in quel modo.

Spesso noi stessi dimentichiamo il nostro valore. Per quanto intellettualmente sappiamo che tutti meritano riconoscimento e amore, quando ci chiedono: «Pensi di essere apprezzato?» molti di noi faticano a rispondere con sicurezza. Sappiamo che dovremmo rispettare noi stessi, eppure abbiamo la tendenza a credere che il nostro valore dipenda dal riconoscimento e dall'affetto altrui. Tuttavia, l'autostima non richiede una conferma esterna.

Stesso bisogno di riconoscimento, modalità diverse

Nella mia professione di psicologo, ho notato che molti mariti insoddisfatti dei propri matrimoni spesso soffrono di scarsa autostima. Si sentono sottovalutati dalle loro mogli. Desiderano essere visti come utili e importanti da loro, ma questo bisogno di frequente non viene soddisfatto. Non è difficile comprendere per quale motivo. Se si presenta un problema, questi uomini tendono a proporre delle soluzioni. Quando le loro mogli hanno dei problemi sul lavoro o con le proprie madri, vogliono offrire un'ottima soluzione finale e ottenere riconoscimenti per essere riusciti a risolvere le cose. E quando i loro sforzi non vengono apprezzati dalle mogli, la loro autostima ne soffre. Ciò che desiderano certi mariti è semplice: vogliono sentire che le loro mogli li considerano utili. L'autostima dei mariti risiede in questo. Di contro, l'autostima di una moglie spesso dipende dal vedere confermati i propri sentimenti. Se il marito dimostra di provare gli stessi sentimenti della moglie, la soddisfazione coniugale migliora.

Durante la terapia di coppia, si analizza quanto siano importanti due persone l'una per l'altra. Le coppie mature si rendono conto che nutrire l'autostima del partner è essenziale per la salute della loro stessa autostima. Così facendo, sanno di essere ancora sulla stessa barca e hanno la certezza che vivranno e moriranno insieme.

Questa riflessione sul tema del riconoscimento mi riporta alla mente il mio primo discorso durante una conferenza. Ero estremamente nervoso e mi tremavano le gambe, mentre ero in piedi su quel podio. Nonostante mi sentissi grato per quell'opportunità, ero sopraffatto dai dubbi verso me stesso. Non ero un professore universitario e il mio curriculum non era degno di nota. Temevo che in platea ridessero di me e che avrei sprecato il tempo dell'uditorio. Quando iniziai a parlare, mi si ruppe la voce e mi tremarono le mani. Il pubblico avrebbe capito che non avevo alcuna esperienza. Poi, sentii un *clic*. Qualcuno stava scattando delle fotografie della mia presentazione. Poco alla volta, udii lo scatto di altre fotocamere. Così alzai lo sguardo e notai delle persone che annuivano e ascoltavano con attenzione. Persino i professori più anziani osservavano con interesse. La mia tensione scemò e ritrovai la mia normale voce. Fu in quel momento che mi sentii riconosciuto.

Prima di salire sul palco, ero tormentato dalla domanda *La gente ha davvero bisogno che io sia qui?* Dopotutto, c'erano tantissime persone a quella conferenza che avevano studiato di più e avevano più esperienza di quanta ne avessi io. Sapere che avrebbero ascoltato il mio discorso mi caricava di una tremenda pressione e temevo di non avere nulla di valido da esporre.

La pressione rallentò inevitabilmente la mia preparazione per quel discorso. Mi mettevo ad abbozzarlo quando ero da solo dopo il lavoro, ma non riuscivo a concentrarmi, tanta era l'ansia. Il materiale mi sembrava troppo datato e dovevo combattere contro i dubbi riguardo all'eventuale correttezza delle mie traduzioni delle fonti citate. Con il passare del tempo, la mia ansia peggiorò. La mancanza di esperienza, una preparazione insufficiente e lo stress provocato dall'idea di rovinare quell'opportunità mi fecero desiderare di tirarmi indietro.

Credevo di essere preoccupato al pensiero di deludere il pubblico, ma quella era soltanto una scusa. In verità, ero completamente consumato dai timori riguardo il mio valore. E se le persone avessero pensato che ero un imbroglione? E se qualcuno avesse sbadigliato o avesse palesato un'espressione annoiata? E se avessi mandato a monte la presentazione?

Il desiderio di riconoscimento

Numerosi professionisti e persone di successo, come me, covano dubbi e ansie riguardo alle proprie capacità e ai propri traguardi. Quelli che hanno avuto un ottimo rendimento a scuola sin dall'infanzia, che da adulti guadagnano bene e danno l'impressione di avere tutto in ogni aspetto della vita, si ritrovano in balìa di un'ansia costante. Alcuni non riescono a dormire senza bere qualcosa di forte che allenti la loro tensione.

Insomma, la maggior parte di queste persone di grande successo è tormentata dalle ossessioni. Le ossessioni implicano pensieri persistenti e ripetitivi, molti dei quali arrivano dall'infanzia. Pensieri del tipo *Se non arrivo primo, sono indegno* o *Se non supererò questo esame, finirò nei guai con i miei genitori* possono essere instillati da genitori persino ben intenzionati e amorevoli, e possono rivelarsi delle ossessioni in età adulta. Ovvio, può accadere anche che il bambino sviluppi queste ossessioni per proprio conto, senza il coinvolgimento dei familiari.

La preoccupazione di non ottenere mai un riconoscimento genera una potente forza trainante. Persino adesso, io devo incoraggiare me stesso con pensieri come *Devo diventare un medico utile che scrive libri che si dimostrano fondamentali per i lettori.*

Il problema è che affidarsi soltanto a questa metodologia ha i suoi limiti. Al di là di un certo limite di impiego di energia, la ricerca costante di motivazione può determinare ansia e ulteriori pressioni. Non a caso, mentre scrivevo queste pagine, il desiderio di voler scrivere un libro perfetto era così paralizzante che per un po' non sono riuscito a buttare giù una sola parola. Con il fardello della necessità di scrivere un buon libro che mi pesava sulle spalle, temevo addirittura che non sarebbe mai neppure stato venduto.

Certo, essere guidati dal bisogno di riconoscimento potrebbe essere utile durante il periodo scolastico. Molti studenti delle scuole superiori trovano la motivazione per studiare grazie al pensiero che le loro vite saranno finite se non entreranno all'università. Ma una volta fatto l'ingresso in società, il riconoscimento scolastico perde la sua efficacia motivazionale. In società non ci sono periodi di esami o insegnanti ordinari. Nella vita dobbiamo gestire le valutazioni nell'arco dell'intero anno, e non ricerchiamo solo il riconoscimento da parte di una o due persone precise. Inoltre, se per esempio al lavoro si cerca l'approvazione di una persona in particolare, si potrebbe essere accusati di tentare di farsi strada con le lusinghe.

Concentrati sul processo, non sulla valutazione

Non ci sono delle linee guida sul modo migliore per comportarsi sul posto di lavoro. Non c'è nessun manuale che ti dica cosa fare, quando e in che misura, per ottenere un riconoscimento. Non ci sono voti chiari, nessun suffragio di popolarità. Di conseguenza, è difficile stabilire il proprio valore nel contesto professionale, e sentirsi meritevoli è ancor più complesso.

Inoltre, la maggior parte di noi è membro di molteplici comunità. Se ci ossessioniamo sull'ottenere dei risultati al lavoro, potremmo trascurare la nostra famiglia. Se ci focalizziamo soltanto sull'essere bravi genitori, potremmo procurarci dei problemi al lavoro. Sforzarci a dismisura per avere riconoscimenti da parte del coniuge potrebbe portarci a limitare il nostro ruolo di figli o di genitori. Dal momento che le nostre energie sono limitate, è impossibile compiacere tutti quanti in ogni modo e nello stesso arco di tempo.

Perciò, cosa dovremmo fare? La risposta è: immergiti nel processo. Il risultato arriva in un secondo momento; il processo è adesso. Focalizzarsi sul processo significa concentrarsi su ciò che puoi fare oggi. Se vuoi ottenere un lavoro, pensa solo a ciò che puoi fare oggi per riuscirci. Se vuoi entrare in una buona università, scoprirai se ce l'hai fatta soltanto il giorno in cui riceverai la lettera di accettazione o di rifiuto, ma il processo è la tua decisione odierna se studiare o meno. Significa concentrarsi solo sulle materie che puoi studiare oggi, che siano grammatica o matematica. Il risultato non è di nostro controllo, né fa parte del presente.

Le persone che si dedicano solo al processo riescono a mettere a fuoco se stesse nel presente. Quando ogni giorno facciamo del nostro meglio per raggiungere gli obiettivi e siamo soddisfatti degli sforzi compiuti, è meno probabile che verremo devastati qualora il risultato futuro non fosse positivo. Potremmo non superare l'esame, ma trarremo soddisfazione dal fatto di aver imparato moltissimo durante la preparazione.

Per rispondere alla domanda *Quanto mi piaccio?* bisogna concentrarsi sulla *autovalutazione* anziché sulla valutazione da parte degli altri. Tornando alla mia personale storia sui discorsi in pubblico, il modo in cui mi preparo alle conferenze e presentazioni è cambiato in seguito a quella prima snervante esperienza. Oggi mi concentro soltanto su di me. Lo stesso discorso vale anche quando scrivo dei libri. Non scrivo per ricercare l'approvazione altrui, bensì per registrare le osservazioni fatte, così da potervi fare riferimento ogni volta che mi sento oppresso, oppure per permettere alle mie figlie di leggerlo quando ne avranno bisogno. Di conseguenza, con il tempo riesco a farmi coinvolgere molto di più nel mio processo rispetto a prima.

L'esercizio di oggi per una sana autostima: scrivi il motivo per cui stai leggendo questo libro

Giunti a questo punto, alcuni di voi potranno sentire il bisogno di voler mettere giù questo libro e pensare: *Non credo che leggere questo manuale possa cambiare qualcosa.* È naturale.

Invece, ti invito a riflettere sul modo in cui potresti usare questo libro. Se l'hai comprato per migliorare la tua autostima, allora prova a pensare in modo preciso a come e quanto vuoi cambiare. Stabilire obiettivi personali realistici aumenta le tue possibilità di successo. Se chiedi a uno studente delle scuole superiori «Perché studi così tanto?» e lui ti risponde «Per diventare una persona eccezionale» o «Per rendere felice mia mamma» con ogni probabilità non sarà un giovane che si impegna molto. Chi invece ti dirà «Per poter entrare in un'ottima università e guadagnare un sacco di soldi» sarà di certo uno studente molto più motivato.

Perciò, prova a scrivere gli specifici cambiamenti che speri di apportare nella tua vita dopo aver letto questo libro. Più concreti e realistici sono, tanto meglio. Se vuoi sentirti più in pace, pensa a ciò che ti aiuterebbe a ottenere quella pace. Se vuoi amarti di più, considera ciò che vuoi fare con quel ritrovato amor proprio. Sii il più specifico possibile, che si tratti di migliorare le tue relazioni sentimentali, elaborare una rottura in modo sano o evitare di provare risentimento verso gli altri. Scrivi tutto ciò che desideri.

2

PROFESSIONI CHE POSSONO MINARE L'AUTOSTIMA

Sono soddisfatto del mio lavoro. È un qualcosa a cui aspiravo sin dalla tenera età, ed è una professione che in molti invidiano. Tuttavia, considerando la situazione sanitaria in Corea, il mio impiego può essere incredibilmente frustrante. Ciò nonostante, non riesco a immaginare di poter avere questo livello di soddisfazione con nessun'altra carriera. Per me, non esiste una professione che sia più etica, stabile o adatta alla mia personalità. Forse è per questo che non vi ho mai rinunciato a metà strada, nel percorso di studi e professionale.

Eppure, come chiunque, a volte mi sento deluso dal mio lavoro. Un tempo ero stato assunto in un ospedale dove avevo dei colleghi straordinari, ma dopo un po' l'ente aveva dovuto dichiarare bancarotta. In altri periodi, mi sono sentito insoddisfatto anche se guadagnavo bene.

Ciò che mi ha aiutato ad affrontare certe fasi è stata la comprensione della differenza tra un luogo di lavoro e una professione. Sono due cose diverse. Puoi detestare il tuo luogo di lavoro, ma amare ancora la tua professione.

Allo stesso modo, anche la tua professione e i tuoi sogni

sono due cose differenti. Sebbene sia un medico, non ho mai abbandonato il mio sogno di diventare uno scrittore.

Quando hai dei dubbi riguardo al valore di ciò che fai, è essenziale separare la tua professione, il tuo luogo di lavoro e i tuoi sogni. Altrimenti, rischierai di sentirti insoddisfatto da tutti e tre.

AUTOSTIMA NELLA GENERAZIONE DELLE TRE RINUNCE

Alcune persone anziane sostengono che i tempi di acuta povertà e difficoltà erano i migliori. Non credevo potesse essere vero, ma comprendo da dove può nascere questa linea di pensiero, soprattutto quando vedo oggi dei giovani che faticano con le scelte di carriera e le prospettive di lavoro. La vita è diventata molto più pratica grazie ai progressi tecnologici, ma i benefici hanno portato con sé anche nuovi problemi e parecchia confusione.

In passato, gli obiettivi erano più semplici. La strada per la felicità si limitava al raggiungimento di quanto bastava per vivere ed essere in salute. Mangiare bene, avere un luogo in cui vivere, mettere al mondo dei figli e guadagnare del denaro erano attività sufficienti. Il prestigio sociale si raggiungeva attraverso il duro lavoro ed era l'obiettivo ultimo, nient'affatto difficile da conquistare come adesso.

Oggi, i giovani devono stabilire presto la loro direzione nella vita. Buoni voti e titoli di studio ottenuti in università prestigiose non garantiscono la felicità. Persino dopo essere entrati al college, bisogna preoccuparsi dei prestiti studenteschi e di trovare un lavoro. Venire assunti in una grande azienda non è più una strada sicura, perché la sicurezza lavorativa non è più quella di un tempo. A prescindere da ciò che dicono le vecchie generazioni, il duro lavoro da solo non garantisce una vita felice.

Non c'è da meravigliarsi che le persone con il tempo inizino a nutrire dei dubbi sulla strada che hanno scelto di percorrere. Non possono fare a meno di domandarsi: *Questo è davvero quello che avevo immaginato per me? Perché sto svolgendo questo lavoro?*

In passato, simili dubbi di norma sorgevano solo dopo aver raggiunto la mezza età, ma attualmente i giovani sono afflitti da queste domande sin dall'infanzia. Le parole di conforto intese a offrire una prospettiva, come «Tutti quanti vivono così», «Te la stai cavando bene» o «Almeno hai una famiglia che ti ama», forniscono solo una limitata consolazione.

Viviamo in un'era ricca di confusione. Questo è un mondo in cui risparmiare lo stipendio per decenni non ti permette di acquistare una casa, dove è difficile ottenere il lavoro che desideri nonostante un'estrema preparazione e dove puoi seguire le regole alla perfezione e venire comunque rimproverato per aver contraddetto la persona sbagliata. Ci ritroviamo a domandarci costantemente chi siamo, dove ci troviamo e se ciò che stiamo facendo sia davvero la nostra vocazione.

Oggigiorno, una fascia demografica più ampia, che spazia dai laureandi alle persone di mezza età e oltre, è in cerca di nuove opzioni di carriera. Nei tempi attuali, nessuno può dire con sicurezza che questa o quest'altra occupazione sia grandiosa. Persino gli aspiranti medici, che mirano a uno status particolare e ad avere un lavoro stabile, fanno parte di questo bacino. Gli studenti che incontro a volte mi domandano in modo sfacciato: «Essere uno psichiatra è adatto a te? Quanto guadagni? Ti sei pentito della tua scelta?». Sebbene a volte simili domande mi colgano alla sprovvista, comprendo il loro bisogno di porle. Dopo aver affrontato i difficili anni della facoltà di medicina per la stabilità finanziaria che quel tipo di studi promette, è sconcertante scoprire che oggi i medici sono in cima all'elenco delle istanze di bancarotta. E sembra che la professione legale non sia poi tanto diversa. Nonostante gli anni di preparazione e il lavoro richiesto per ottenere l'abilitazione, molti avvocati faticano ancora a trovare un impiego.

In passato, il percorso professionale di una persona era per lo più determinato entro i diciannove anni. Gli studenti di medicina diventavano dottori, gli studenti di legge si inserivano negli studi legali e gli studenti di ingegneria ottenevano lavori sicuri in grandi multinazionali, cosa che garantiva delle vite stabili. Una carriera futura era sinonimo di un lavoro, e una volta ottenuto quel lavoro, il resto della tua traiettoria di vita procedeva a vele spiegate.

Ma oggi, i confini tra i lavori sono crollati. La distinzione tra le professioni è diventata confusa. A volte, dermatologi e chirurghi eseguono le stesse mansioni, e il lavoro dei farmacisti si sovrappone a quello dei tradizionali medici di base. Persino nello stesso luogo di lavoro, i ruoli di impiegato a tempo indeterminato o determinato non hanno una significativa differenza. In una realtà in cui chiunque può fare il lavoro che stai facendo tu, o addirittura sostituirti, è complicato stabilire se dovresti essere soddisfatto del tuo lavoro così com'è, se sei spossato dalla concorrenza o dove dovresti tracciare il confine del tuo appagamento.

Lavori che possono danneggiare l'autostima

Ci sentiamo sicuri quando siamo soddisfatti del nostro impiego e del nostro luogo di lavoro. Essere sulla strada che desideravamo e avere una stabilità finanziaria sarebbe l'ideale. Tuttavia, vi sono molte situazioni lavorative che inevitabilmente abbassano l'autostima. Numerose modalità di lavoro provocano incertezza riguardo alle proprie scelte, scatenano sentimenti di inadeguatezza e portano a dubitare di se stessi. Questi problemi molto spesso non sono altro che prodotti delle condizioni o dei sistemi sociali; ciò nonostante molte persone finiscono per biasimare se stesse e sentirsi in colpa.

Conoscere la differenza tra soddisfazione lavorativa, soddisfazione professionale e soddisfazione di sé

Un ambiente lavorativo sfavorevole spesso è il motivo per cui i nostri impieghi possono avere un impatto negativo sulla nostra autostima. Per le persone delle categorie lavorative menzionate finora, le circostanze sono particolarmente catastrofiche.

Una cosa fondamentale da ricordare è che non si dovrebbe idealizzare il luogo di lavoro. Può essere un ambiente difficile, nella realtà. È per questo motivo che riceviamo uno stipendio, pagato con regolarità e con il rispetto delle scadenze. Se non fosse per la retribuzione, nessuno continuerebbe a impegnarsi. Se il luogo di lavoro fosse un posto così divertente e accogliente, non ci sarebbe bisogno di un compenso. Siamo pagati per il nostro lavoro perché i nostri capi necessitano delle nostre capacità e vogliono che restiamo ad aiutarli. Ovvio, i momenti di felicità al lavoro esistono e a volte abbiamo la fortuna di avere dei colleghi solidali che ci aiutano ad affrontare le difficoltà e la quotidianità. Ma non si può fare affidamento solo sull'impiego per ricercare la nostra felicità. La soddisfazione definitiva che cerchiamo nella vita non si può ricavare soltanto dal lavoro.

Parecchi dei miei pazienti hanno aspettative irrealistiche riguardo alla vita sul luogo di lavoro. Sospetto che illudersi che possa essere meglio di così li aiuti a sopravvivere all'arduo processo di ricerca di un impiego. Immaginano il luogo di lavoro come un posto in cui realizzare i sogni, avere carriere di successo, raggiungere il proprio potenziale e vivere bellissimi momenti di cameratismo tra colleghi.

Avere una visione così ristretta e idealizzata degli ambienti professionali è però controproducente. Non c'è alcuna garanzia di ritrovarsi con un capo dipartimento comprensivo e giusto. Sogni, crescita, realizzazione di sé e concetti di *luogo di lavoro familiare* creati dai superiori dovrebbero essere maneggiati con cautela. Il luogo di lavoro esiste per richiedere il tuo supporto e offrire in cambio una remunerazione. Di conseguenza, non mettere alla prova la tua autostima soltanto attraverso il lavoro.

Spero che gli impiegati in tutto il mondo possano fare una chiara distinzione tra le loro occupazioni, la loro carriera e i loro sogni. Come me, potreste essere soddisfatti della vostra carriera ma essere infelici del vostro attuale ambiente di lavoro. Di contro, potreste sgradire la vostra carriera ma apprezzare il vostro attuale luogo di lavoro. Comunque sia, dovete separare il vostro lavoro dalla vostra vita. Non viviamo per andare a lavorare. L'ambiente professionale in cui ci siamo inseriti non è tutta la nostra vita. Solo perché sei insoddisfatto del tuo impiego, questo non significa che dovresti essere infelice in tutte le altre aree della tua vita. Allo stesso modo, il tuo successo professionale non sempre potrebbe significare che stai vivendo l'esistenza che vorresti.

Non viviamo per andare al lavoro: viviamo per la vita che viene *dopo* il lavoro. La vita dopo il lavoro è a sua volta parte delle nostre esistenze, e anche i fine settimana sono importanti. Non c'è bisogno di portarsi a casa lo stress della settimana o trascinarsi mansioni non completate nella propria vita personale. Rimuginare troppo a lungo su problemi lavorativi non servirà a risolverli. Il lavoro è solo lavoro. Spesso vi attribuiamo un significato eccessivo. È importante distaccarsene completamente e sgombrare la mente di tanto in tanto.

L'esercizio di oggi per una sana autostima: non pensare al lavoro dopo la fine della giornata lavorativa

Il luogo di lavoro ci prosciuga le energie. Lo stipendio è in buona sostanza una conversione monetaria del tempo che trascorriamo a occuparci delle nostre mansioni. Più lunghe sono le ore di lavoro e più elevata è l'intensità del carico, maggiori energie consumiamo. C'è un'unica soluzione: spegnere i pensieri riguardanti il lavoro nell'istante in cui esci dall'ufficio.

Appena conclusa la giornata lavorativa, liberati di tutti i pensieri relativi alle tue mansioni fino a quando non rientrerai in ufficio il giorno seguente. Se devi rispondere a telefonate di lavoro o vedere il tuo capo dopo l'orario di ufficio, falla il più breve possibile. Non appena riattacchi o ti separi dai colleghi, spegni i pensieri sul lavoro. Certo, è più facile a dirsi che a farsi. Le persone potrebbero criticarti, dirti che non capisci la realtà di una persona indaffarata. Tuttavia, con la pratica tutto questo è possibile. In verità, è normalissimo voler evitare telefonate o questioni di lavoro fuori dall'orario prestabilito dal contratto. Si dà per scontato che sia accettabile perché tutti si adeguano e lo fanno. Invece, se stai prendendo in considerazione di lasciare il lavoro, persino questa riflessione dovrebbe avvenire durante le ore di lavoro stipendiate dall'azienda.

3

QUANTO SONO UTILE?

Le ricerche dimostrano che le persone che vincono grandi somme di denaro alla lotteria o sbancano il jackpot nei casinò finiscono spesso per soffrire di depressione. Sebbene l'improvviso afflusso di denaro renda senza alcun dubbio estatico il vincitore, questa felicità non necessariamente si traduce in una prolungata autostima. Al contrario, molti di coloro che entrano in possesso in modo inaspettato di un grande patrimonio sperimentano invece una diminuzione nell'autostima. A cosa è dovuto questo fenomeno? Una spiegazione potrebbe essere legata alla domanda che di solito utilizziamo per stimare il nostro valore personale: *Quanto sono utile alla società?*

Per preservare una sana autostima, abbiamo bisogno di credere di essere necessari alla società, che si tratti della ristretta cerchia della nostra famiglia e comunità locale, del nostro paese o del mondo. È per questo motivo che bramiamo gli elogi dei nostri genitori durante gli anni della formazione e avvertiamo un senso di appagamento da adulti quando votiamo.

Il mondo va avanti benissimo anche senza di me

La mia vita universitaria era costellata di attività di gruppo. Dalle lezioni del mattino alle esercitazioni pratiche e agli esperimenti di gruppo, ero costantemente circondato dai miei pari e dai professori, cosa che mi lasciava pochissimo spazio per la solitudine. Per passare un po' di tempo in solitaria, spesso trascorrevo le vacanze viaggiando da solo. Salivo a bordo dell'ultimo autobus del terminal diretto verso la destinazione più lontana disponibile. Mentre ero in viaggio mi facevo un lungo sonno e mi risvegliavo in città come Ulsan, Pohang o Jinju.

Questi viaggi mi portavano a vagare da una città all'altra senza alcuna destinazione specifica. L'obiettivo non era mangiare in un ristorante famoso o fare un giro turistico: volevo soltanto stare da solo. A parte delle brevi visite ad amici e parenti, trascorrevo la maggior parte del tempo durante i viaggi per conto mio.

Per me era liberatorio vagare per delle città sconosciute. Chiunque incontrassi era un estraneo, cosa che mi liberava del bisogno di essere emozionalmente coinvolto o di fingere interesse verso gli altri. Dopo un giorno di solitudine, nella mia mente spossata si insinuava poco alla volta un senso di calma. Con il passare del tempo, iniziavo ad avvertire la mancanza delle persone a cui tenevo, quelle con cui avrei voluto sinceramente parlare. Alla fine, sentivo nostalgia persino di quelle con cui di solito mi scontravo, ma anche per le persone che invidiavo, che criticavo o che mi usavano. Anche se non avvertivo la mancanza di tutti in modo uguale, i miei eventuali sentimenti di rancore nei loro confronti diminuivano via via che la mia solitudine si acutizzava. Era un'esperienza affascinante.

Quando la sensazione di volermi distanziare dagli altri e il bisogno di stare da solo si placavano, mi rimettevo di nuovo in viaggio verso Seoul. A volte, avvertivo l'impulso di tornare a Seoul non appena raggiungevo la mia destinazione di viaggio.

E poi, a un certo punto ho smesso di viaggiare da solo. Non per evitare la solitudine o perché sentivo la mancanza delle persone, bensì a causa di una crescente ansia. Prendere coscienza del fatto che il mondo non avrebbe avvertito la mia mancanza, una volta che fossi scomparso, mi faceva sentire a disagio. Più lunghi erano i miei viaggi, più mi sentivo liberato, ma al tempo stesso diventavo nervoso, e a volte avvertivo persino una fitta di tristezza nel rendermi conto che il mondo sarebbe andato avanti benissimo anche in mia assenza.

Dopo essermi laureato, essere diventato prima uno specializzando e poi uno specialista, ed essere passato a una vita da accademico e psichiatra, ho poco alla volta trovato la pace. Credo che questo derivi dal numero sempre crescente di persone che si sono rivolte a me per trovare un aiuto.

Oggi, visto il mio costante flusso di pazienti, presentazioni e lezioni, se dovessi partire all'improvviso per un viaggio in solitaria, come ero solito fare un tempo, probabilmente la mia scomparsa verrebbe segnalata entro un giorno. E questo è un pensiero piuttosto confortante.

IL SUCCESSO COME UNA STRADA PER ACQUISIRE VALORE SOCIALE

Si può soppesare il successo di una persona esaminando quanto la stessa sia necessaria per la società. Certo, un vincitore della lotteria può essere considerato un individuo di successo da un certo punto di vista, ma solo in un'ottica strettamente legata al denaro. Non ha nulla a che vedere con il suo carattere o il suo valore. La stessa logica si applica al motivo per cui la presenza del presidente di un'azienda è essenziale mentre, se un impiegato si ammala, qualcun altro può sostituirlo. Quando si risalgono i ranghi o si accettano importanti responsabilità, si diventa sempre più difficili da sostituire. Una persona la cui assenza comporterebbe gravissimi problemi per molti è ciò che noi definiamo una persona *di successo.*

Se abbiamo problemi di autostima, si presenta con frequenza la domanda *Ma io sono necessario alla società?* Un ripetuto insuccesso nei colloqui di lavoro può minare la tua autostima perché può farti sentire come se non fossi necessario da nessuna parte. Allo stesso modo, è improbabile che una persona che viene criticata al lavoro o definita inutile dai propri genitori abbia un'elevata autostima.

Le nostre relazioni e i nostri ruoli sociali sono strettamente legati alle nostre emozioni. Tutti quanti vogliono essere notati e considerati necessari. Questo è ciò che rende possibile la vita sociale.

Sentire che *la società ha bisogno di me* soddisfa i nostri istinti perché ci offre un senso di rassicurazione riguardo al fatto che, qualora dovessimo affrontare dei problemi, la società ci sosterrebbe. Di contro, essere rifiutato dalla società o sperimentare una prolungata indifferenza accresce la nostra paura dell'isolamento. Benché alcune persone potrebbero liquidare i giudizi negativi da parte di altri considerandoli la loro semplice opinione, la maggior parte di noi interiorizza le percezioni negative, che contribuiscono a diminuire la nostra autovalutazione.

Prendiamo in considerazione la famiglia, l'unità societaria più basilare. Quando qualcuno si sente poco apprezzato in famiglia, la sua autostima subisce un duro colpo. È difficile preservare la propria autostima se si pensa: *I miei genitori portano avanti un matrimonio infelice a causa mia?* o *Un bambino come me è inutile.* Nessuno può sentirsi soddisfatto di sé, se ritiene di non avere valore in famiglia o di aver rovinato le vite degli altri membri del suo nucleo più ristretto.

La psicologia dell'infedeltà

Il bisogno di sentirsi necessari si applica anche al matrimonio. Sentirsi superflui nella propria famiglia o per il proprio coniuge può minare l'autostima. Le persone con contratti aziendali a lungo termine con il tempo diventano abili a destreggiarsi nella sopravvivenza sul posto di lavoro e nella risoluzione dei conflitti interpersonali. Tuttavia, la mia esperienza dimostra che questi soggetti spesso si sentono meno preziosi per i propri coniugi o familiari. Prendiamo in considerazione una persona che detiene un'importante posizione al lavoro, ma che è ampiamente ignorata dal proprio coniuge. E se dovesse incontrare qualcuno sul lavoro che apprezza il suo valore e lo incoraggia? Udire complimenti del tipo: «Come riesci a ottenere risultati così straordinari persino nelle situazioni difficili? Sei incredibile!» oppure «Ti rispetto da sempre; per favore, insegnami di più» può fare sentire qualcuno benissimo con se stesso. Dal momento che è stato riconosciuto come entità sociale di valore, la sua autostima trova conseguente riscontro. Quelli che hanno *mogli da ufficio* o *mariti da ufficio* spesso dicono che queste persone riconoscono in loro il valore che i propri coniugi gli negano. Mentre un compagno li accusa di essere dei malati di lavoro, il *coniuge da ufficio* eleva la loro fragile autostima.

Molte persone che cedono ai tradimenti soffrono di scarsa autostima. La loro infedeltà non è dovuta al fatto che siano per forza promiscui per natura o che siano guidati da un eccessivo desiderio sessuale. Al contrario, l'istinto a venire riconosciuti da qualcuno li spinge inconsciamente a cercare una conferma esterna del loro valore laddove le famiglie non la forniscono.

Tuttavia, questo non significa che avalli le relazioni extraconiugali o il tradimento. A prescindere dal motivo, anche se fosse un disperato sforzo per reclamare la propria autostima, l'infedeltà non può essere giustificata. È come voler guadagnare denaro andando al casinò: le grandi somme di denaro raccattate in una bisca d'azzardo non sono tue. Allo stesso modo, cercare di riottenere autostima attraverso l'infedeltà è un'impresa triste e inefficace.

Non ho un'unica identità

Le persone che sono ben consapevoli del proprio valore sociale non definiscono se stesse solo attraverso un unico aspetto delle loro vite. Siamo tutti i figli di qualcuno, ma non viviamo esclusivamente per i nostri genitori. Abbiamo delle carriere, ma non siamo venuti al mondo solo per quella vocazione. Ognuno di noi è un figlio, un coniuge, un genitore, un lavoratore, un membro di una comunità locale, un socio di un club, un amico, un residente di una città e un cittadino di una nazione.

La nostra autostima può calare quando assumiamo alcuni ruoli o identità che si oppongono agli altri che ci appartengono. Per esempio, una persona può essere un padre severo ma anche un marito eccezionale, un impiegato mediocre e uno straordinario leader nel gruppo dedicato al suo passatempo. Il punto è che è impossibile eccellere e soddisfare tutti quanti in ogni ruolo. Perciò, non dovresti etichettarti come inutile solo perché sei carente in un particolare compito. Se non puoi eccellere come impiegato, questo non significa che dovresti condannare tutto te stesso e pensarti come un individuo inutile. Allo stesso modo, se i tuoi sforzi di essere una buona nuora non vengono riconosciuti, questo non significa che non sei degna in quanto membro della società. Anche se arranchi in una o due aree, resti comunque un partner, amico, genitore, volontario, membro di un gruppo religioso o cittadino. Non riuscire a sentirsi apprezzato in un aspetto della tua vita non significa che dovresti sentirti incapace in tutto quello che fai.

L'esercizio di oggi per una sana autostima: rifletti sulle tue diverse identità e sui tuoi ruoli

La maggior parte di noi diventa membro di una famiglia sin dal momento in cui veniamo al mondo. Via via che cresciamo, le nostre sfere sociali si ampliano. Diventiamo studenti di scuole e poi lavoratori di una qualche azienda. Osserva la gamma di ambienti a cui appartieni in questo preciso momento e pensa a come poter diventare una persona di valore al loro interno.

Ecco alcuni esempi.

- Famiglia: impegnati a conversare, saluta i tuoi parenti con più calore.
- Vicino: aiuta a spalare la neve.
- Impiegato: evita di arrivare in ritardo al lavoro, aumenta la produttività.
- Membro di una comunità religiosa: pratica di più la tua fede, unisciti ai gruppi della comunità.
- Cittadino: partecipa alle elezioni, presenzia alle manifestazioni, sostieni i politici.
- Membro di un'associazione di ex studenti: organizza e/o partecipa alle riunioni tra ex studenti.
- Squadra sportiva: contribuisci all'organizzazione di eventi sociali al di fuori delle sessioni di allenamento.

4

SUPERARE L'INDECISIONE

Prendere buone decisioni aumenta l'autostima. Tuttavia, le persone con una bassa autostima spesso faticano anche solo a compiere le scelte più semplici perché non si fidano di loro stesse. Quando ci ritroviamo di fronte a dei dilemmi, tendiamo a rivolgerci a qualcuno di fidato in cerca di consiglio, sperando che sia in grado di comprenderci al meglio. Che lui o lei sia o meno di aiuto è secondario; anche solo condividere le nostre preoccupazioni ci fa sentire meglio e sembra offrirci delle soluzioni.

Ma se c'è qualcuno che è sempre presente e pronto ad ascoltare, quelli siamo noi stessi. Riporre fiducia in noi stessi ci rende la vita molto più semplice. Non abbiamo bisogno di rivolgerci costantemente ad altri per avere un suggerimento né di preoccuparci di rivelare le nostre vulnerabilità. Consultando noi stessi, trovando soluzioni e confermando le nostre scelte con un *Ben fatto, ottimo lavoro*, diventiamo i nostri migliori consulenti.

TRE CONDIZIONI PER PRENDERE BUONE DECISIONI

L'età adulta è tempestata da un susseguirsi di decisioni, grandi e piccole che siano. Dallo scegliere le scuole, le università, le carriere e i partner, la vita è un percorso di apprendimento immerso in un costante processo decisionale. Quando ci ritroviamo di fronte a delle opzioni, a chi ci rivolgiamo? Spesso osserviamo il modo in cui altri hanno scelto in situazioni similari, ci rimuginiamo su ancora e ancora nella speranza di optare per le migliori decisioni ed evitare di pentirci in seguito. Il motivo per cui in molti cercano consigli esterni è semplice: comportarsi come gli altri sembra la cosa sicura e garantisce quantomeno un risultato medio. Eppure, vi sono alcuni problemi che soltanto noi possiamo risolvere. Un terapeuta saggio offre opinioni e rammenta al paziente: «La decisione in ultima istanza spetta a te».

Compiere scelte sagge in modo indipendente è un segno di maturità. Perciò, che cosa significa prendere buone decisioni? Eccoti tre punti chiave.

Il primo è la puntualità. Anche la giusta decisione perde valore se ritardata in modo eccessivo. Chi soffre di paralisi decisionale spesso trascura questo punto, posticipando le sue azioni per garantirsi una scelta perfetta e priva di rimorsi. Eppure, chi sa prendere decisioni sagge rispetta le scadenze temporali.

Il secondo è conoscere il campo di applicazione della decisione. A prescindere da quanto saggia una scelta sia, deve rientrare nell'ambito del controllo personale. Non possiamo decidere per gli altri o prevedere il futuro. Per esempio, i giovani spesso chiedono: «Dove si trova la facoltà di medicina migliore, a Harvard o alla NYU?». Tuttavia, scegliere in questo modo è prematuro, se non si è neppure iniziato a studiare all'università. Le decisioni dovrebbero focalizzarsi su quali opzioni sono per noi disponibili nel preciso momento in cui le prendiamo.

Il terzo punto è sapere che non esistono scelte perfette. Al momento di decidere, non possiamo sapere per certo se in seguito ce ne pentiremo. Quella che sembra la risoluzione migliore potrebbe generare pentimento, e delle decisioni prese su due piedi potrebbero rivelarsi delle manne dal cielo. Solo il tempo svela il risultato: d'altronde la vita è piena di sorprese. Chi ha una buona capacità decisionale lo tiene a mente e capisce che non ci sono risposte universalmente giuste, che è l'esecuzione a contare più della scelta stessa. Non spreca energie nel processo decisionale.

Con queste tre condizioni soddisfatte, una persona è sicura delle proprie scelte. Non sono decisioni intaccate da noncuranti commenti di terzi, da consigli non richiesti o critiche alimentate dalla gelosia. Se guidati da una forte bussola interiore, certe decisioni hanno la tendenza a essere sensate e logiche, lontane dalle scelte sconsiderate travestite da sicurezza in se stessi.

La neuroscienza delle giuste decisioni

Nel prendere delle decisioni, mescoliamo emozioni e ragione. Quando compiamo una scelta, usiamo la nostra conoscenza e il nostro giudizio per arrivare a una decisione, dopodiché vi apportiamo un supporto emotivo. Chi ha una buona capacità decisionale non difende ostinatamente le proprie scelte né si logora al pensiero che possa aver compiuto la scelta sbagliata.

Dal punto di vista scientifico, questo equilibrio coinvolge il lobo frontale, responsabile della razionalità, e il sistema limbico, che governa le emozioni. I problemi emergono quando uno dei due domina l'altro. Le decisioni puramente razionali, che non tengono in conto ciò che proviamo al riguardo, non possono essere considerate sagge. Di contro, le decisioni esclusivamente emotive mancano di praticità. Di conseguenza, per prendere decisioni equilibrate, devono essere coinvolti sia il lobo frontale sia il sistema limbico.

Ignorare l'impatto emotivo che una decisione potrebbe avere sugli altri, anche se sembra giusta, non è saggio. Le gesta che ignorano del tutto i contratti e le usanze sociali non sono sostenibili.

Enfatizzare in modo eccessivo la positività può a sua volta portare a pessime decisioni. Le persone con un'inclinazione alla dipendenza compiono scelte affrettate e prive di pentimento, guidate da una falsa sicurezza in sé e da un'istantanea gratificazione. Coloro che fanno investimenti sconsiderati si illudono di muoversi in modo saggio e magari investono tutti i loro risparmi in azioni ad alto rischio. Allo stesso modo, i malati di shopping traggono un falso senso di soddisfazione dal comprare oggetti di cui si autoconvincono di avere bisogno. Sentirsi bene riguardo a una decisione non la rende una decisione sensata. Le decisioni giuste per noi si basano su un valido mix tra ragione ed emozione.

Persone private dell'opportunità di prendere delle decisioni

Sfortunatamente, la società coreana tende a enfatizzare in maniera eccessiva il giudizio razionale. Credo che questo problema derivi da una cultura altamente competitiva e focalizzata sull'istruzione.

Ancora prima di iniziare la scuola, i bambini sono impegnati ad allenare le giuste risposte. Anziché pensare a fondo alle cose e formarsi una propria opinione, si preoccupano di trovare la risposta corretta con cui riempire gli spazi vuoti. A scuola, l'accento viene posto sul risolvere in modo esatto problemi di matematica e scienze, lasciando ben poco spazio per i pensieri e le emozioni dei bambini. Attraverso queste modalità, i bambini si abituano in maniera inconsapevole alla scelta delle risposte razionali. Crescono con la convinzione che ignorare le emozioni ed essere indifferenti ai sentimenti altrui sia necessario per avere successo in un ambiente competitivo.

Spesso gli adulti istruiscono i loro figli dicendo loro di memorizzare i concetti senza offrirgli l'occasione di pensare ai problemi con la propria testa, privandoli perciò dell'opportunità di compiere delle decisioni autonome e di sviluppare capacità decisionali. Assistiamo di frequente agli effetti collaterali di questo tipo di educazione. In mezzo ai cosiddetti *geni degli esami*, che superano esami dalla famigerata difficoltà sin dalla tenera età, alcuni vengono etichettati come *psicopatici degli esami*. Il punto è che persino dei funzionari pubblici di alto rango, all'apparenza individui normali, possono rivelarsi dei maniaci sessuali, mettendo così in luce un problema legato all'eccessiva importanza data alla razionalità sin dalla tenera età.

Il sistema limbico è una parte fondamentale del cervello e ha bisogno di essere nutrita. Laddove lo sviluppo della corteccia prefrontale, che aiuta a studiare bene, è nevralgico, l'abilità di riflettere ed empatizzare in relazione alle emozioni è altrettanto importante. Questo equilibrio è essenziale per sviluppare la capacità di prendere delle decisioni. Oltretutto, rispetto alla corteccia prefrontale, che continua a svilupparsi anche a venti e trent'anni, il sistema limbico matura molto prima.

Viene da sé quanto sia cruciale che i bambini sviluppino l'abitudine di prendere decisioni per se stessi sin dall'infanzia. Gli adulti non dovrebbero scegliere per i bambini solo perché spinti dalla paura che questi possano pentirsene in seguito o attribuire la colpa delle cattive abitudini proprio a loro. È fondamentale educare i bambini a usare in modo armonico sia il sistema limbico sia la corteccia prefrontale sin dalla tenera età. Ciò nonostante, una carenza di esperienza decisionale durante l'infanzia non significa che una persona convivera per sempre con delle scarse capacità decisionali. Vi sono dei modi per sviluppare queste capacità anche più avanti nel corso della vita, perciò non c'è bisogno di sentirsi scoraggiati.

Modi per migliorare le capacità decisionali

Come accennato in precedenza, un buon processo decisionale implica lo sviluppo equilibrato sia della razionalità sia dell'emozione. In altre parole, tanto la corteccia prefrontale quanto il sistema limbico devono essere attivati nel modo giusto e interagire in modo uniforme fra loro. Ecco alcuni metodi per aiutare a migliorare le tue capacità decisionali.

Dedicarsi all'arte

L'attivazione simultanea della corteccia prefrontale e del sistema limbico spesso si verifica durante le attività artistiche. L'arte prevede spesso l'espressione delle emozioni. Tuttavia, limitarsi a esternare i propri sentimenti a casaccio non dà vita all'arte. Per trovare il modo migliore di trasmettere queste emozioni bisogna coinvolgere la corteccia prefrontale. Un artista deve *pianificare* che tipo di dipinto creare e quali colori usare, mentre uno scrittore deve *stabilire* cosa scrivere e come farlo. Certe attività migliorano in modo naturale le capacità decisionali. I bambini vengono incoraggiati a frequentare corsi di arte e di musica sin dall'infanzia proprio per questo motivo.

Creare una bilancia decisionale

Al momento di decidere se fare o meno qualcosa, puoi creare una bilancia decisionale. Una bilancia decisionale soppesa i pro e i contro del compiere un'azione rispetto a quelli del non compierla. È necessario farsi influenzare anche dalle emozioni prima di prendere una decisione. Esprimere in modo oggettivo come ci si sente può svelare ciò che conta davvero. Usare una bilancia decisionale aiuta a rendere più chiare le emozioni astratte.

Per chiarire la natura della decisione che dovrai prendere a breve, prova a trascriverla e a posizionarla in una bilancia decisionale. Per esempio:

	Bere	**Non bere**
Pro	Allevia lo stress. È piacevole.	Meno danni al fegato. Mia moglie smetterebbe di assillarmi.
Contro	Stanchezza il giorno dopo. Aumento di peso e altri impatti negativi sulla salute.	Noia. Difficoltà nel socializzare senza bere.

Dividere desideri e necessità

Oggigiorno, i giovani spesso dichiarano: «Non so cosa fare». D'altro canto, forse influenzati dai libri di auto-aiuto che consigliano ai giovani di *sognare in grande*, in molti si sentono sopraffatti dalla vasta gamma di opzioni che hanno a disposizione. Avere parecchi desideri da realizzare è un bene, ma può diventare problematico se si sogna a lungo senza mai provare davvero a fare qualcosa per realizzarli. Trascorrere troppo tempo a pensare a cosa fare può portare all'inattività. In questi casi, è d'aiuto distinguere tra ciò che si vuole fare e ciò che deve essere fatto. Così facendo, sarà più semplice evidenziare ciò che è necessario che venga fatto nel presente e cosa no.

Un esempio:

Ciò che voglio fare: imparare il giapponese. Frequentare qualcuno. Dare il massimo al lavoro.

Cosa devo fare: preparare la presentazione per domani mattina.

Fare entrambe le cose

Non bisogna sempre scegliere tra desideri e necessità. Puoi anche trovare l'intersezione tra le due cose. Per esempio, se devi preparare una presentazione, questo non significa che dovrai rinunciare a tutto il resto nella tua giornata. Trasforma la presentazione in un'opportunità per dare il massimo al lavoro.

Soprattutto di fronte a una scelta relativa alla carriera, se per esempio non sai ancora se vuoi diventare uno scrittore o preferisci farti assumere come impiegato, puoi provare a lavorare durante la settimana in ufficio e a scrivere nei fine settimana. O ancora, in alternativa, puoi redigere dei post in un blog che parla del tuo lavoro.

L’esercizio di oggi per una sana autostima: trascrivi e traccia i tuoi punti di conflitto

Per rafforzare l’autostima, devi compiere buone decisioni, partendo da quelle piccole. Le piccole decisioni si accumulano per creare decisioni rilevanti. Più riesci a gestire delle decisioni importanti, più la tua autostima crescerà.

Esprimi i tuoi attuali punti di conflitto come segue.

Esempio 1
Opzione A: andare subito a dormire.
Opzione B: mangiare del ramen.

Esempio 2
Opzione A: andare subito a dormire.
Opzione B: telefonare all’ex fidanzata.

Trascrivendo i tuoi conflitti, puoi vedere con chiarezza ciò che devi ponderare. Dopodiché, puoi scegliere una delle due opzioni. Se la risposta non è subito evidente, traccia una lista dei pro e dei contro a fianco di ogni opzione.

Esempio 1
Opzione A: andare subito a dormire. *Domani mattina mi sveglierò sentendomi bene.*
Opzione B: mangiare del ramen. *Mi sentirò sazio e soddisfatto in questo momento.*

Esempio 2
Opzione A: andare subito a dormire. *Domani mattina non me ne pentirò.*

Opzione B: telefonare all'ex fidanzata. *Se sarò fortunato, potrò sentire la sua voce.*

Mettere per iscritto certe opzioni rende più evidente quale sia la decisione migliore.

Io sceglierei di andare a dormire. Spero che anche tu sia giunto alla stessa conclusione.

5

PERCHÉ LEGGERE LIBRI DI PSICOLOGIA NON MIGLIORA L'AUTOSTIMA

Due anni fa, quando ho ricevuto la notizia che mia nonna era venuta a mancare, il mio primo pensiero è stato: *È finita la mia infanzia*. L'unica persona rimasta al mondo che mi considerava il *suo nipote* non c'era più. I miei nonni sono sempre stati speciali per me. In gioventù, quando la mia autostima precipitava e mi sentivo scoraggiato, erano i miei nonni ad aiutarmi ad affrontare i momenti più bui. A volte mi illudo di essere diventato da solo una persona di successo, ma quando ripenso ai loro volti, devo ammettere quanto io sia stato fortunato ad avere il loro sostegno. Forse è proprio questa gratitudine e il grande senso di rimpianto che mi spingono a nutrire particolare empatia verso coloro che hanno vissuto un'infanzia infelice, sono stati costantemente bullizzati dagli adulti o non riescono a ricordare proprio nulla di quando erano dei bambini.

Ricordi d'infanzia come cicatrici emotive

Nella serie tv americana *Desperate Housewives* c'è un personaggio di nome Bree. In apparenza, lei ha tutto quanto:

una splendida casa in una tranquilla cittadina, un medico per marito. La sua villa è bellissima, sempre in perfetto ordine, e ogni sera viene servita una sontuosa cena sul suo grande tavolo da pranzo. Tutti gli arredi sono lucidati e ripuliti come vivesse in un hotel di lusso.

Tuttavia, la famiglia di Bree non è felice. Suo marito e i figli soffrono di una grande mancanza di affetto. A parte questo, non sembra esserci nulla di particolarmente sbagliato nella donna. Prepara piatti vegetariani per il marito per ridurgli il colesterolo e insegna ai suoi figli solidi princìpi e valori morali.

Eppure, suo marito la trova robotica e si sente solo e impotente in sua compagnia. La figlia, che frequenta le scuole medie, ricerca l'amore che non trova nei genitori in un'inappropriata relazione con un insegnante. Nonostante l'aspetto esteriore perfetto, all'interno di questa famiglia ci sono tensioni e stress palpabili.

È trascorso molto tempo da quando ho visto questa serie, ma la famiglia di Bree mi è rimasta impressa perché mi capita di avere ancora molti pazienti con simili trascorsi familiari. Hanno avuto madri con comportamenti ossessivi, padri passivi e sono cresciuti tra continue discussioni, in un costante senso di tensione che ha lasciato ferite e questioni irrisolte nelle loro menti.

Se l'infanzia infelice di una persona si imprime nel corpo e nella mente, è probabile che questa percepisca se stessa in maniera negativa. Abbiamo la tendenza a ricercare le ragioni e le conseguenze di ogni cosa. Una volta che ci si etichetta da soli come *figlio di genitori divorziati*, *figlio cresciuto da un padre violento* o *figlio di una famiglia infelice*, risulta molto difficile rispettare se stessi.

Dipendenza psicologica dalla psicologia

Le persone che hanno avuto trascorsi familiari difficili tendono a trascinarsi dietro molte preoccupazioni. Inconsciamente sanno che le loro esperienze passate influenzano le loro vite presenti, soprattutto se la loro infelicità deriva dalla propria famiglia e continua a condizionarli.

Le preoccupazioni che ci segnano spesso rispecchiano i comportamenti dei genitori. Una persona cresciuta da genitori che litigavano spesso potrebbe temere di non riuscire a gestire bene il proprio matrimonio. Chi è cresciuto con dei familiari violenti potrebbe temere di assumere un comportamento abusivo o diventare egli stesso vittima di violenza. I figli di alcolisti o giocatori d'azzardo potrebbero avere la fobia di ritrovarsi anche loro vittime di dipendenze o sposare una persona che ne è succube. Continuano a covare il dubbio di non riuscire mai a vivere l'amore o il matrimonio con un simile bagaglio emotivo.

Coloro che cercano attivamente di risolvere questi traumi spesso si affidano alla lettura di alcuni popolari libri di psicologia. Vogliono comprendere in che modo le persone un tempo infelici e ferite sono riuscite a gestire le proprie vite e vogliono trovare delle soluzioni. Questi testi offrono moltissime informazioni e risposte, infatti possono aiutare parecchie persone. I libri guidano i lettori nell'identificazione delle proprie emozioni e illustrano i motivi di certi atteggiamenti attraverso nozioni accademiche. Le persone che cercano aiuto nei libri di psicologia di norma attraversano le seguenti fasi.

Universalizzazione

Rendersi conto che *non sono l'unico a essere così* è molto importante. Chi credeva di essere speciale nelle proprie infelici circostanze trova una forma di consolazione nella consapevolezza che vi sono molte altre persone che hanno vissuto situazioni addirittura peggiori. Questa realizzazione accende i cuori e offre un conforto.

Sollievo dal senso di colpa

I libri di psicologia descrivono numerosi fattori che contribuiscono ai problemi di una persona, spiegando che questi non sono dovuti esclusivamente a insuccessi personali o all'essere un soggetto incompetente. Alcune spiegazioni persuasive aiutano il lettore a diminuire il senso di colpa, a liberarsi dal peso dei rimpianti che porta con sé da anni. Questi può arrivare persino ad ammettere che le proprie difficoltà non sono dovute a una mancanza di forza di volontà o al fatto di essere immaturo, ma sono piuttosto una risposta naturale alle loro esperienze.

Acquisire conoscenza

Comprendere e interpretare le emozioni in modo razionale conduce alla pace dei sensi. Rendersi conto che le proprie difficoltà erano dovute a un trauma consolidato, identificare le emozioni fondamentali che dominano la propria vita e imparare che i propri genitori hanno utilizzato la proiezione come un meccanismo di difesa, per esempio, aiuta i lettori con un'infanzia difficile a dare un senso alle loro esperienze dolorose. Quello che sembrava un panorama emozionale nebbioso diventa lentamente più chiaro. Situazioni che un tempo richiedevano giorni di sfoghi con gli amici possono essere riassunte con poche e lapidarie frasi, rendendo il recupero emotivo molto più semplice.

Ripristinare l'autostima è come rimettersi in forma

Non sarebbe grandioso se leggere un paio di libri di psicologia potesse risolvere tutti i nostri problemi? La questione, tuttavia, risiede nel fatto che ogni libro di psicologia propone istruzioni diverse. Leggere libri in modo casuale, seguendo le loro linee guida, oppure assistere a conferenze famose spesso porta a una maggiore frustrazione anziché a un miglioramento. In casi estremi, le persone potrebbero concludere: *Dal momento che nulla sembra funzionare, a prescindere da quanto mi impegni, devo essere fondamentalmente incurabile.* Cosa che scatena un ulteriore e inedito senso di sconforto.

Ciò nonostante, anche il solo tentativo di leggere questi libri per poter identificare e risolvere dei problemi è degno di plauso. Se hai scavato nella tua mente e hai trovato delle soluzioni che potrebbero aiutarti, senza alcun dubbio la tua mente è sulla strada della guarigione. Tuttavia, il processo di miglioramento richiede del tempo e a volte implica un ritorno al punto di partenza, proprio come quando ci si mette a dieta e non si ha una perdita di peso immediata. Potresti perdere del peso solo per riprenderlo molto presto, oppure potresti persino causare danni ad altre parti del tuo corpo, se non fai attenzione. È per questo motivo che paragono il processo di ripristino dell'autostima al rimettersi in forma.

In questo senso, chi si limita a leggere libri di psicologia è come chi si limita a leggere manuali sul bodybuilding. Un libro potrà anche spiegarti per quale motivo il corpo è fuori forma e come si costruisce la muscolatura. Tuttavia, la teoria senza pratica è mera conoscenza. Per rimettersi in forma, bisogna sudare e far lavorare i muscoli. Lo stesso vale per l'autostima. Limitarsi a leggere libri di psicologia e aspettarsi un cambiamento è come dire: «Leggo un sacco di libri sul fitness, ma ancora non ho perso peso!».

Mi sorprende quanti appassionati autodidatti in materia di psicologia covino un notevole risentimento nei confronti dei propri genitori. Queste persone attribuiscono in maniera omogenea i loro problemi ai familiari. Razionalizzare le proprie questioni e ridurle a problemi del passato ormai irrisolvibili è la soluzione più semplice. Così facendo, si è ben disposti a credere che il passato, e in particolare i genitori, ci abbia resi ciò che siamo oggi, e che il futuro non sarà in alcun modo diverso dal presente. Ed è davvero triste.

I RICORDI EVOCANO EMOZIONI

Questo potrebbe sembrare scontato, ma restare intrappolati in ricordi infelici genera emozioni negative. Quando siamo in balìa della negatività, ci vengono in mente solo gli eventi più brutti del nostro passato. Se anche vi fossero degli occasionali ricordi felici, non troverebbero spazio in superficie.

Questo fenomeno è particolarmente evidente nelle coppie che litigano da molto tempo. Nelle relazioni con una bassa soddisfazione coniugale si utilizzano di frequente parole come *sempre*, *mai* e *ogni giorno*. Ci si lamenta con frasi come «Lui mi mente sempre» o «Lei mi assilla ogni giorno, per questo devo uscire di casa» e così via. Il motivo è che utilizzare queste parole rende più facile etichettare il passato in maniera negativa. Chiudono una storia con affermazioni come «Non sono mai stato felice con te!» ed escludono qualunque buon ricordo. Da una prospettiva scientifica, questa è una reazione molto naturale. L'ippocampo, che governa la memoria, e l'amigdala, che governa le emozioni, sono collegati nel nostro cervello. Perciò, quando sei triste tendi a rievocare eventi tristi, e quando sei pieno di risentimento tendi a ricordare solo i giorni che sono stati scanditi dal risentimento.

Di conseguenza, quando siamo tormentati da certe esperienze passate, dobbiamo verificare se stiamo affrontando anche qualche problema emotivo. Potremmo non essere depressi a causa dei ricordi tristi, ma quei ricordi tristi potrebbero continuare a emergere perché siamo depressi. E quando si rimugina costantemente sui ricordi tristi, la propria autostima soffre.

Mantenere le distanze dal tuo passato infelice o lasciarlo andare del tutto

Convivere con un passato doloroso non è semplice. È come vivere con una palla di fuoco nel petto. Quando la tua autostima è sana, il fuoco è una fonte di calore sicura che ti tiene al caldo. Viceversa, quando l'autostima è bassa, la palla si trasforma in un'arma pericolosa che ti brucia da dentro.

La portata e l'intensità delle fiamme variano da persona a persona. Tuttavia, in base a quanta distanza mantieni dalle esperienze passate, la tua autostima può essere protetta o venire ridotta in cenere.

Molte persone con una forte autostima hanno avuto un passato infelice. Anche loro provano dolore e autocommiserazione nel rievocare il proprio passato. Questi sentimenti, però, non permangono nel tempo, perché queste persone sanno come mantenere le distanze dai ricordi del passato. Attraverso l'autoriflessione e le risorse di *coping*, hanno assimilato che i ricordi dolorosi risiedono solo nel passato.

Di contro, le persone con una bassa autostima si portano dietro l'infelicità nel petto e sulle spalle. Continuano a far emergere il loro passato infelice a ogni occasione, venendone di nuovo scottati e feriti ogni volta, anziché lasciare che il calore si disperda altrove. Non contenti, mostrano il loro passato a chiunque incontrano. Quando iniziano a provare dei sentimenti per qualcuno, non perdono tempo a condividere storie di abusi da parte dei genitori o di bullismo da parte dei coetanei, perché sono sempre alla ricerca di empatia o di scoprire se l'altra persona può gestire il loro bagaglio emotivo. Così facendo, trasferiscono il fuoco nei loro cuori ai propri colleghi o compagni.

Il punto è che tutto il dolore risiede nel passato. Questo non dobbiamo dimenticarlo mai. Invertire il tempo è al di fuori del potere umano. Tra il passato doloroso e il presente, abbiamo il dono del tempo. Questo dono è concesso in modo equo a tutti quanti. Perché rifiutarlo? Non dovremmo forse accettarlo con gratitudine?

Immagina un passato diverso e pianifica il futuro

Ovviamente, la maggior parte di noi è consapevole che il passato è nel passato, ma non è semplice sfuggire alla presa che i ricordi hanno su di noi. Nonostante i nostri sforzi di dimenticare e lasciare andare, come possiamo impedire che i ricordi si ripropongano davanti quando vogliono? Se le ferite del passato non restano nel passato ma continuano a irrompere nel presente, sono necessari metodi proattivi per liberarsi di questi fardelli.

Domandati: "E se?".

Che vita condurresti adesso, se non fosse per il tuo passato infelice? Per esempio, se i tuoi genitori avessero avuto una pessima relazione, ma questa non avesse mai avuto alcun impatto su di te, in che modo le cose sarebbero state diverse oggi? Chiediti come sarebbe stata la tua vita se le costanti critiche ricevute durante l'infanzia non ti avessero condizionato. Emergeranno delle risposte, stanne certo. Qualcosa come *Se non ne fossi stato condizionato, avrei superato prima quella rottura* o *Non starei sguazzando nell'autocommiserazione e non mi definirei una pessima madre.*

Stabilisci degli obiettivi per il futuro

Le persone che indugiano sul passato spesso non riescono a pensare al presente o al futuro perché sono troppo preoccupate per delle cose che non possono cambiare. Adesso è il momento di stabilire degli obiettivi positivi, che devono essere redatti in tempo futuro. È necessario concentrarsi sulle azioni anziché sulle emozioni. Per esempio, se hai rotto con il partner, l'obiettivo non deve essere *Non voglio avere alcun rimpianto* (negativo), ma *Un giorno la supererò* (positivo). Anziché *Non voglio irritarmi per i commenti di mia suocera* (basato sulle emozioni, quindi negativo), l'obiettivo dovrà essere *Devo allenarmi per trenta minuti al giorno ogni volta che lei mi stressa* (basato sull'azione, dunque positivo). Gli obiettivi dovrebbero essere orientati al futuro, positivi e focalizzati sull'azione.

Quando è impossibile immaginare un'alternativa

Per qualcuno potrebbe essere impossibile domandare a se stessi *E se?* Alcuni sono rimasti troppo a lungo radicati nel passato o nelle emozioni scatenate dalle esperienze negative, mentre altri hanno un desiderio troppo forte di autocommiserarsi o sentono di avere una grande sfortuna. Queste persone dovranno prendersi più tempo per allenare le loro capacità. Per questa ragione, presto ti proporrò un esercizio per iniziare a stabilire gradualmente degli obiettivi e immaginare dei futuri alternativi.

Se non riesci a sfuggire al pensiero che non cambierai mai

Se dici «Non sfuggirò mai al mio passato. Non cambierò mai», questo è un buon segno. Un onesto confronto della tua condizione attuale è il punto di partenza per il cambiamento. Il passato non è ineludibile; lo sembra soltanto quando sei così impantanato nelle tue esperienze ed emozioni negative da non riuscire a trovare lo spazio mentale per risolvere il problema. Facendo pratica nel controllare le emozioni e distanziarti da alcune cattive abitudini puoi liberarti dalla convinzione che il cambiamento sia impossibile.

L'esercizio di oggi per una sana autostima: domandati "E se?" e stabilisci degli obiettivi

Immagina come sarebbe oggi la tua vita se non fossi stato influenzato dalle esperienze passate. Dopodiché, elabora per questa vita immaginaria risvolti futuri positivi e basati sull'azione.

Un esempio.

Se i miei genitori avessero avuto una relazione armoniosa, cosa sarebbe risultato diverso in me?

Avrei creduto di poter avere a mia volta un buon matrimonio e di poter vivere senza rifuggire l'idea del matrimonio.

Se l'impresa di mio padre non fosse fallita quando ero alle scuole superiori, cosa sarebbe risultato diverso in me?

Non avrei sprecato i vent'anni a nutrire rancore verso mio padre. Avrei vissuto perseguendo ciò che volevo fare, privo dal fardello dei problemi economici della mia famiglia.

6

VEDO ME STESSO COME TROPPO DIVERSO

Tutti quanti vogliono eccellere nel costruire e mantenere dei rapporti, ma non è così semplice. Formare connessioni umane è come guidare su un'autostrada trafficata: non importa quanto abile o cauto tu sia, può comunque verificarsi un incidente, se per caso ti imbatti in un qualche automobilista sconsiderato. Tu devi essere bravo, ma i tuoi sforzi da soli non sono sufficienti.

Chi ha una bassa autostima spesso dà per scontato che qualunque problema nelle sue relazioni derivi dai propri difetti. Questa mentalità porta al senso di colpa, che rende difficoltoso costruire delle relazioni in modo sano. Mancando di sicurezza in se stessi, certe persone dipendono eccessivamente dagli altri oppure si mettono sulla difensiva per paura di un rifiuto, circostanza che a sua volta influisce in modo negativo sulle relazioni. Quando ti sminuisci, è dura escogitare soluzioni perché il senso di colpa e il biasimo verso te stesso annebbiano il tuo giudizio.

Diverso non è un male

L'universalizzazione è una tecnica terapeutica che aiuta i pazienti a rendersi conto che le proprie difficoltà e sofferenze non sono loro appannaggio esclusivo. Anche solo sapere che molti altri affrontano problemi simili ai tuoi può essere rassicurante.

Inoltre, la convinzione di essere solo nelle tue problematiche rende quel fardello ancora più difficile da sopportare. Non soltanto soffri per l'ostacolo in sé, ma la solitudine e il senso di isolamento apportano ulteriore dolore.

È per questo motivo che le persone spesso trovano conforto in gruppi di ascolto, dove possono condividere storie e provare consolazione nella consapevolezza che altri sperimentano gli stessi conflitti. Questa comprensione condivisa può offrire l'energia necessaria per superare le avversità.

Gli artisti o le persone con una forte sensibilità spesso vengono a cercare aiuto, frustrati dalla loro natura sensibile e percettiva. «Vorrei essere più simile agli altri. Vorrei essere un robot che non si arrabbia né piange mai» dicono alcuni. Sembrano convinti che sia vergognoso mostrare le proprie emozioni, essere vulnerabili o carenti nell'autocontrollo. Dopo aver scavato nel loro passato, spesso scoprono di essere stati castigati sin dall'infanzia perché troppo sensibili o, nel caso degli uomini, poco virili. Queste persone covano due idee sbagliate: la prima è l'idea di essere diversi dagli altri; la seconda che essere diversi sia un male. Questa logica porta al pensiero *Io sono peggiore degli altri.*

Essere diversi non è affatto un male. Non c'è nulla di sbagliato nell'essere sensibili; anzi, trovarsi in sintonia con le proprie emozioni è una caratteristica preziosa. Puoi individuare rapidamente i cambiamenti emotivi altrui e avere uno spiccato senso per i trend culturali. Simili caratteristiche, tuttavia, possono preoccupare i genitori durante la crescita. Capisco perché le famiglie possano confondere dei pianti frequenti con una mancanza di autostima, o delle eccessive risate come una mancanza di serietà.

Quando etichettiamo le nostre caratteristiche come negative, arriviamo a credere di non essere meritevoli di empatia. Finiamo così per non rivelare i nostri veri sentimenti per paura che verrebbero criticati anziché compresi. Restiamo ai margini dei gruppi sociali, trovando difficoltà nell'aprirci, e siamo riluttanti all'idea di connetterci agli altri. All'estremo opposto, avere fin troppe qualità ammirevoli può ostacolare delle connessioni intime e sincere.

Non sei solo nella tua infelicità

Le persone afflitte dal proprio passato difficile spesso si sentono eccezionalmente perseguitate. Nascondono le proprie emozioni perché spinte dalla vergogna e convinte che le loro vite siano davvero troppo strane. Questo può capitare a chi ha avuto un rapporto difficile con i genitori, a chi ha vissuto un'esposizione prolungata alle critiche o a chi è cresciuto separato dalla famiglia. Le persone con simili trascorsi tendono a celare il proprio passato e a idealizzare le vite altrui.

Le norme culturali che edulcorano il concetto di famiglia e ne enfatizzano l'importanza aggravano questo problema. Per esempio, il mito della madre votata al sacrificio perpetua delle aspettative irrealistiche. Il costante ritratto da parte dei media di perfette cene in famiglia fa credere alle persone che i più siano cresciuti in simili contesti amorevoli.

Rendersi conto che i propri trascorsi familiari sono stati diversi dalla norma spesso è un qualcosa che sopraggiunge nell'età adulta, soprattutto dopo essere entrati all'università. Lasciare il quartiere in cui si è cresciuti, conoscere storie diverse dalla propria e notare delle disparità amplifica questa sensazione. Molti studenti del college faticano a adattarsi, in parte a causa di questo fardello psicologico. Vedono che gli altri studenti sono socievoli e tranquilli, magari sembrano provenire da famiglie benestanti con genitori amorevoli, così danno per scontato che abbiano avuto un'infanzia semplice.

Parlare con un amico intimo spesso risolve queste sensazioni. Sentirsi dire: «Non sei solo, ho vissuto anch'io cose simili» può essere di immenso conforto. Le esperienze condivise permettono di comunicare e creare legami. Tuttavia, alcuni potrebbero isolarsi ancora di più, perché sono convinti che le proprie vite siano insolitamente travagliate. Così facendo, però, perdono l'opportunità di vivere l'empatia propria e altrui.

Quando qualcuno crede che le proprie disgrazie siano uniche, è difficile convincerlo di qualcosa di diverso. L'impatto della tristezza non è relativo. Alcuni possono soffrire per tutta la vita per ciò che ad altri può sembrare un problema minore, mentre altri soggetti sfoggiano un'insolita resilienza per superare traumi ancora più gravi. Se qualcuno è convinto che la propria infelicità sia eccezionale, potrebbe benissimo avere un motivo valido per crederlo. Ricorda, però, che il suo turbamento è sempre più intenso di quanto appare a un occhio esterno.

La mentalità del "Perché a me"

Quando pensieri come *Perché soltanto a me?* mettono radici, la percezione negativa di sé si combina con un irrazionale turbamento emotivo. Il *perché* accresce il biasimo, portando la persona che si interroga a provare rancore per la propria vita e il proprio destino.

La memoria umana è per sua natura instabile e tende a svanire nel corso del tempo. Tuttavia, *Perché a me?* collega il ricordo all'emozione, rendendo più difficile dimenticare certi dettagli. Questi pensieri ripetuti fanno emergere alla superficie brutti ricordi ed emozioni, impedendo il naturale processo attraverso il quale di solito ci dimentichiamo di gran parte delle cose.

Per lasciare andare le esperienze negative, evita di collegarle alle emozioni. Smettila di domandarti *Perché a me?* o *Perché sono così?* Questi dubbi innescano cattivi ricordi e sensazioni degradanti, peggiorando il tuo senso di isolamento e spingendoti a rifuggire dalle relazioni.

L'esercizio di oggi per una sana autostima: identifica e condividi le tue caratteristiche speciali

Il primo passo verso il cambiamento è la consapevolezza. Sapere come interpreti la tua unicità è essenziale. Oggi prepara una lista di ciò che credi ti renda diverso dagli altri. Includi anche gli aspetti dolorosi dei tuoi trascorsi familiari, dei tuoi genitori o delle tue esperienze. Dopodiché condividi la lista con un amico fidato o un tuo sostenitore, dicendo: «Ritengo che questi aspetti mi rendano diverso da tutti. Tu cosa ne pensi?». Dopo, scrivi cosa ti ha detto l'altra persona.

Ti ritroverai con due punti di vista.

Ciò che mi rende diverso dagli altri.

L'opinione del mio amico.

7

COMPRENDERE LA PSICOLOGIA DELL'INSICUREZZA

Perché a me? è un'espressione di rancore. Potresti ritrovarti a incolpare i tuoi genitori, le tue azioni, la società, determinati gruppi di persone, o addirittura a covare rabbia verso un potere superiore. Se questi pensieri sono rivolti verso l'interno, possono diventare una forma di autocritica. Sentirsi inadeguati può provocare un senso di vergogna. Quando sei convinto di essere l'unico a trovare difficoltà in qualcosa che chiunque altro sembra gestire con facilità, può conseguirne un profondo senso di inutilità.

Molti combattono con la sensazione di non essere capaci o tranquilli come gli altri nella gestione delle interazioni sociali. Vedono le altre persone più disinvolte e indipendenti, mentre loro sentono di essere ipersensibili e impacciati. Ciò potrebbe derivare dall'individualismo e dall'isolamento sempre più diffusi nella società moderna. Sembra che gli altri possano mantenere un perfetto equilibrio tra lo spazio personale e l'interazione sociale, allontanandosi via via sempre più da coloro che sentono di essere costantemente incatenati dal giudizio altrui. Per questa ragione, si possono avere pensieri ricorrenti come: *Perché io sono l'unico che si preoccupa così tanto di quello che pensano gli altri?*

Premuroso o insicuro?

Prendiamo in considerazione uno studente universitario. Durante gli studi è sempre stato il primo ad aiutare i compagni di classe nelle loro difficoltà, spesso assumendosi compiti gravosi. Dopo la laurea, è diventato un impiegato esemplare: efficiente, educato, premuroso. La sua dedizione non aveva pari. Si presentava al lavoro nei fine settimana per coprire i turni dei colleghi all'ultimo minuto, restava fino a tardi senza mai piagnucolare, lamentarsi o arrabbiarsi. A detta di tutti, era l'impiegato perfetto.

Tuttavia, non piaceva a chiunque. La sua ragazza, in particolare, lo trovava esasperante. Spesso gli diceva in tono accusatorio: «Tu non sei gentile: hai soltanto paura di non piacere alla gente!». Quando la coppia si era presentata da me con questo problema, la ragazza insisteva a dire che il fidanzato non era servizievole, piuttosto aveva un disperato bisogno di essere apprezzato. Secondo lei, se fosse stato sinceramente buono, non avrebbe avuto l'abitudine di mandare a monte i piani della coppia per aiutare qualcun altro.

All'inizio, lui aveva respinto le critiche della fidanzata, convinto che lei fosse solo gelosa ed esigente. Diceva che non avrebbero mai risolto quel contrasto e che era stanco di discutere sempre delle stesse cose. Stava prendendo in seria considerazione di lasciarla e aveva confessato che quella non era la prima volta che chiudeva un rapporto per lo stesso problema.

Tuttavia, con il tempo, ha iniziato a trovare un briciolo di verità nelle parole di lei. Riflettendo sulla propria infanzia, ha ricordato che i genitori gli intimavano costantemente di essere buono e di aiutare gli altri, accompagnando il tutto con la frase: «Cosa penserà la gente se non lo farai?».

Così, il ragazzo si è reso conto che il suo comportamento, guidato dal desiderio di compiacere gli altri ed evitare il conflitto, spesso lo portava a trascurare i suoi stessi bisogni e quelli di chi amava.

Perché l'eccessiva gentilezza viene disprezzata

La gentilezza è una virtù. Una persona gentile di norma è molto apprezzata. Tuttavia, è importante chiedersi se si è gentili a proprie spese. Il ragazzo, che all'inizio respingeva le opinioni della ragazza, ha iniziato a capire di essere lui ad avere un problema. Più ci pensava, più l'affermazione di lei secondo cui era *sempre concentrato sugli altri* sembrava assumere valore. Si stava solo comportando come gli avevano insegnato a fare i suoi genitori, ma così facendo le compagne che amava finivano per non sopportarlo più e per lasciarlo. Il ragazzo era buono con gli altri ma non verso se stesso. Non gli importava del suo tempo, della sua felicità o dei suoi interessi. Questo modo di fare spesso porta a trascurare non soltanto se stessi, ma anche i nostri cari.

Ciò spiega per quale motivo chi è un fantastico amico può non essere altrettanto fantastico con i propri partner. Equipara il compagno o la compagna a se stesso, perciò non riesce a concedergli adeguate attenzioni. Pensa ai nonni patriarchi nelle serie televisive: estremamente gentili e premurosi con vicini o parenti, in egual misura severi con i propri figli. Tale abitudine deriva dalla scorretta applicazione del motto: *Generosi verso gli altri, severi con se stessi*. Cos'hanno fatto i suoi cari per meritare un simile trattamento?

Nella società moderna, le persone che mettono gli altri al primo posto e hanno poco riguardo verso se stesse sono spesso disprezzate. Inconsciamente, vediamo sotto una luce negativa le persone dotate di un'esagerata gentilezza. Potrebbero sembrarci persino ipocrite. Ci domandiamo se stiamo per essere imbrogliati o se saremo costretti a ricambiare il favore in qualche modo, e abbiamo la tendenza a credere che le persone troppo gentili potrebbero avere delle motivazioni sottostanti per comportarsi così.

È per questo che gli studenti modello a scuola vengono spesso ignorati e i colleghi zelanti e educati non sono sempre i più popolari in ufficio. Un'eccessiva gentilezza, a prescindere da quanto ben intenzionata, non sempre viene presa in modo positivo, soprattutto in un luogo di lavoro in cui la concorrenza è alta. Più sodo una persona lavora, più è probabile che gli altri penseranno: *Ci stai facendo sfigurare tutti*.

Certo, nessuno rimprovera apertamente qualcun altro per il suo essere gentile, perché sarebbe inappropriato. Tuttavia, le persone vogliono comunque sminuire le azioni e le intenzioni di chi è più educato di loro. Questo impulso è di per sé una sorta di meccanismo di autodifesa.

Il segreto della popolarità della persona distaccata

Quanto detto spiega per quale motivo le persone gentili possono avere difficoltà nelle relazioni, in particolare sul posto di lavoro. Pur mettendoci molto impegno, in cambio ottengono pochissimo. La gente sembra provare simpatia per lui, ma il collega gentile viene isolato sempre più spesso al lavoro e si sente ingiustamente punito per il suo modo di essere.

Inoltre, i problemi possono sorgere anche a casa. Una persona che si preoccupa troppo delle opinioni altrui corre il pericolo di diventare un malato di lavoro. Per proteggere la famiglia, è convinto di dover guadagnare denaro, cosa che lo spinge a offrirsi volontario per degli straordinari. Tuttavia, neanche al genitore devoto viene risparmiato di cadere in questa trappola. Ossessionarsi per offrire il miglior cibo e l'istruzione più adeguata ai propri figli, preoccupandosi che questi possano portargli un futuro rancore per non aver dedicato loro le migliori attenzioni possibili, può lasciare davvero pochissimo tempo e spazio per la cura di sé.

Quando vediamo la nostra famiglia come un'estensione di noi stessi, spesso commettiamo l'errore di dare la priorità ai bisogni e alle opinioni di vicini e conoscenti rispetto a quelli dei membri del nostro nucleo più vicino. Ciò porta i genitori a dire di frequente ai figli: «Che cosa direbbe la gente?». L'abitudine di privilegiare l'opinione altrui rispetto alle proprie emozioni viene tramandata di generazione in generazione. I bambini che crescono sentendosi ripetere questa frase diventano sensibili al giudizio degli altri e incapaci di dare la priorità ai propri sentimenti o desideri. All'esterno potrebbero apparire gentili, ma la loro salute mentale ed emotiva soffrirebbe a lungo.

I protagonisti delle serie tv di oggi vengono spesso dipinti come distaccati. Questi personaggi, che sono lungi dall'essere gentili e mostrano scarso interesse verso i sentimenti altrui, si concentrano soltanto sui propri desideri e ciò li rende estremamente popolari. Per quale motivo? Perché sono attraenti. Gli individui sicuri di sé, che danno valore ai propri gusti, prestano attenzione alle proprie emozioni e hanno un'alta considerazione di se stessi, sono attraenti. Le persone ammirano chi è sincero con se stesso a prescindere da ciò che pensano gli altri.

C'è stato un tempo in cui essere premurosi era una virtù. Valeva nella società agricola, dove la cooperazione era fondamentale per la coltivazione e preoccuparsi degli altri equivaleva a preoccuparsi di se stessi. Tuttavia, nel corso del tempo la nostra società è diventata sempre più diversificata, e i valori si sono modificati. Essere premurosi seguendo i vecchi standard adesso può essere considerato un'esagerazione o un atteggiamento controcorrente. Gli sforzi per essere premurosi potrebbero essere visti come un comportamento fin troppo cauto o persino insicuro. Così come cambia la società, lo stesso avviene per i valori.

Accogliere l'altruismo egoistico

Vivere per se stessi o per gli altri? La domanda è piuttosto delicata. Tuttavia, spesso dico alle persone: «Metti te stesso al primo posto». In altre occasioni, consiglio in maniera alquanto sfacciata: «Fai delle scelte egoistiche e perseguile», perché sono convinto che questo sia il nostro modo naturale di comportarci.

Ho la convinzione che essere positivamente egoista faccia parte della nostra natura. Riconoscerlo e accettarlo è la cosa più matura da fare. Essere gentili e premurosi e al tempo stesso egoisti in modo positivo, ossia per perseguire i propri bisogni e desideri, è umano, eppure a volte diamo per scontato che questi approcci si escludano a vicenda. Per molti, in realtà, viaggiano di pari passo. Certo, ci sono parecchie persone che vivono una vita al servizio degli altri. Perché decidono di aiutare il prossimo? È semplice: perché dà loro gioia. Essere un supporto per gli altri li rende felici. Personalmente, rispetto le persone che fanno volontariato proprio per la loro maturità: ci vuole una grande saggezza per comprendere la profonda gioia che può donarci fare del bene agli altri e trarne una vera felicità per sé.

L'amore genitoriale verso il proprio figlio funziona alla stessa maniera, d'altronde. I genitori vogliono che i loro figli siano felici. Quando la prole sorride, anche loro sono soddisfatti. Perciò, i genitori si impegnano per rendere felici i figli poiché vederli gioire rende felici anche loro.

Quando ci dedichiamo ad atti di gentilezza soltanto per arrecare una gioia ad altri, questo può condurre a sentimenti di tradimento e risentimento, soprattutto se non percepiamo gratitudine o riconoscimento in risposta alle nostre buone azioni. Il punto è che devi servire gli altri per la tua soddisfazione personale e amare i tuoi figli perché amarli ti rende felice. Solo così facendo non vi saranno rimpianti o persistenti sentimenti di rancore, e sarai in grado di amare incondizionatamente e di preoccuparti davvero per gli altri.

L'esercizio di oggi per una sana autostima: trascrivi ciò che vuoi

Le persone che si preoccupano in maniera eccessiva delle opinioni altrui spesso non hanno una forte percezione di sé. Perdono il contatto con chi sono e con ciò che apprezzano o non apprezzano davvero. Come risultato, non sanno dire con certezza se i loro desideri siano allineati con le loro azioni.

A cominciare da adesso, quindi, trascrivi nello specifico ciò che vuoi. Può includere ciò che vuoi dagli altri o ciò che vuoi per te stesso e basta. Mentre scrivi, potresti ritrovarti a elencare desideri altrui anziché tuoi. Non preoccuparti per questo. Osserva la tua lista di *quello che voglio* e inizia a interessarti a te stesso, come prima cosa. Se la tua lista comprende appunti riguardo ciò che gli altri vogliono da te, riconosci semplicemente questo: *Mi importa davvero molto ciò che pensano gli altri.*

Quando descrivi ciò che vuoi, aggiungi delle frasi che rispettino questi tre criteri: che siano frasi positive, e non negative; orientate a te stesso, con *io* come soggetto; rivolte al futuro e non al passato.

Un esempio.

Anziché *Non voglio più sentirmi in ansia* (negativo), scrivi *Voglio sentirmi a mio agio* (positivo).

Anziché *Voglio che gli altri mi amino* (soggetto esterno), scrivi *Voglio essere sicuro di me* (io come soggetto).

Anziché *Sono stato timido e pigro* (passato), scrivi *Voglio diventare coraggioso e diligente* (futuro).

8

PERSONE ECCESSIVAMENTE DIPENDENTI

Dipendenza è un termine variegato e dalle varie sfaccettature quanto *autostima*. Le persone lo interpretano in modo diverso, eppure questo concetto racchiude quasi sempre una connotazione negativa. La nostra società spesso riconosce un valore in più nella persona *indipendente,* e la vede come sana e ideale.

Tuttavia, la dipendenza è davvero un vizio? E l'indipendenza è sempre una virtù? Appoggiarsi agli altri è veramente un problema, in un mondo che sta diventando via via sempre più difficile da vivere?

Di certo, l'eccessiva dipendenza può essere un grattacapo, ma in questo capitolo esploreremo come si presenta una sana dipendenza. Gli effetti di questa possono differire in base a cosa o chi è l'oggetto della nostra attenzione, e forniremo indicazioni su come distinguere le dipendenze sane da quelle malsane.

Siamo stati tutti dipendenti, all'inizio

Ogni bambino è dipendente. Non può sopravvivere senza la propria madre. Un neonato non riesce neppure a tenere la testa sollevata per poppare, figurarsi gattonare. Non c'è da meravigliarsi che i bambini si sentano in ansia quando vengono separati dalle madri.

Tuttavia, questa dipendenza non riguarda soltanto le necessità fisiche come venire nutriti e cambiati. Per esempio, molti bambini hanno difficoltà a addormentarsi senza che i genitori li cullino o cantino loro una ninna nanna. Residui di questa dipendenza possono restare perfino in età adulta. Tanto gli adolescenti quanto gli adulti cercano un compagno proprio per questo motivo. Preferiscono non essere soli e vogliono trovare qualcuno con cui condividere i loro pensieri più profondi. L'amore e l'attaccamento agli altri sono residui del comportamento dipendente sviluppato durante l'infanzia, che è anche il motivo per il quale gli adulti trovano naturale legarsi agli altri. Alcuni conservano il loro attaccamento giovanile alle madri, ma la maggior parte ne crea di nuovi attraverso gli amici, i partner, i mentori o la religione e, in casi meno ideali, verso droghe o alcol.

La vita spesso si riduce al modo in cui gestiamo le nostre dipendenze. Vi sono forme di dipendenza immature e indiscriminate, e poi vi sono le dipendenze sofisticate e sane.

Dipendenza malsana

La dipendenza è un istinto. È fondamentale per sopravvivere durante l'infanzia, ma anche quando cresciamo e diventiamo adulti. Il modo in cui gestiamo le nostre forme di dipendenza matura nel tempo.

Vi sono tre tipologie principali di dipendenza malsana: dipendenza eccessiva, dipendenza malriposta e negazione della propria dipendenza.

Le persone eccessivamente dipendenti non riescono a tollerare di restare sole e sono ansiose al pensiero di venire escluse dal gruppo dei loro pari. Queste persone potrebbero imbarcarsi immediatamente in nuove relazioni dopo una rottura o persino sovrapporre delle relazioni per non rischiare mai di ritrovarsi sole. Un impiegato senior potrebbe cercare conforto da parte di un collega junior, o un professore potrebbe fare affidamento su uno studente per ottenere un supporto emotivo. Questo tipo di dipendenza inappropriata è problematica. D'altro canto, chi crea una sana dipendenza cerca il supporto da fonti adeguate, anziché approfittarsi delle dinamiche relazionali di un contesto lavorativo o particolare.

La maggior parte delle persone con stili di dipendenza malsana è inconsapevole o si rifiuta di ammettere la propria dipendenza. Per esempio, i genitori che dicono «Voglio solo che mio figlio sia felice» stanno inconsciamente rivelando la propria dipendenza. Caricano il figlio di un fardello e possono farlo sentire responsabile della felicità dei genitori, cosa che porta a confondere i propri desideri e le aspettative con quelli dei familiari.

La dipendenza malsana può anche avere un impatto negativo sulle relazioni con i coniugi o i partner. Quando le relazioni sono tese, i partner spesso si incolpano a vicenda. Uno dei due potrebbe credere che sarebbe più felice e calmo se solo l'altro potesse cambiare. Ciò rivela un'inconscia convinzione che la propria felicità dipenda dal partner. Chi sviluppa una dipendenza malsana potrebbe dipendere dalle persone di cui sostiene di non fidarsi. Anziché contare su qualcuno di fidato che rispetta e ammira, e che può offrirgli il sostegno di cui ha bisogno, esige supporto da parte di coloro che non possono darglielo e se la prende proprio per questo. In termini psicologici, questa è nota come *proiezione*: si verifica quando una persona devia i propri problemi sugli altri, per esempio facendo ricadere la colpa della propria infelicità sull'insuccesso di un figlio o su un coniuge deludente. Che il figlio o il coniuge sia o meno in difetto è irrilevante; non si può essere felici se si continua a dipendere da persone che non riescono a ottemperare, che non interrompono o neppure riconoscono la loro dipendenza malsana.

Dipendenza sana

Le persone che creano una sana dipendenza verso gli altri sono prima di tutto consapevoli di far affidamento su fonti esterne per avere il supporto che necessitano. Un'elevata autostima non significa gestire tutto quanto da soli. Al contrario, implica riconoscere i propri limiti e cercare apertamente un aiuto dagli altri.

Queste sono le tre caratteristiche della dipendenza matura: dipendenza da soggetti capaci, trasparenza e reciprocità. Chi crea una dipendenza matura sa dove cercare per avere sostegno. Per la conoscenza, si rivolge ai libri; per la salute, consulta i medici. Vuole dipendere da persone e fonti che possono offrirgli ciò di cui ha bisogno, e mantiene questa relazione aperta e trasparente, senza ripiegare su comportamenti reticenti e dannosi, come nel caso dell'alcol o dell'infedeltà. Piuttosto, dipende da sbocchi salutari come i viaggi, gli hobby, la famiglia o la fede. Cose che, tra l'altro, si possono condividere apertamente con gli altri. Dunque, per impedire che la relazione diventi a senso unico, si ripagano le fonti per il supporto. Per esempio, un direttore di ospedale con cui lavoravo un tempo si complimentava con lo staff della mensa definendoli «Le meravigliose persone che mi nutrono!». Riconosceva la sua dipendenza dallo staff della mensa e in cambio esprimeva la sua gratitudine e il suo rispetto. La dipendenza sana non è uno sfruttamento unilaterale: implica dare qualcosa in cambio e mantenere un equilibrio.

Comprendendo e adottando una dipendenza sana, possiamo incoraggiare relazioni più sane e assicurarci una crescita personale. Riconoscere che facciamo affidamento sugli altri e gestire la cosa in modo maturo garantisce una vita più equilibrata e soddisfacente.

La dipendenza può innescare il narcisismo

Le relazioni non si possono creare nell'isolamento. Necessitano di almeno due parti, che si influenzano a vicenda. È difficile immaginare che due individui vivano una relazione sincera se non hanno alcuna influenza l'uno sull'altro. Una caratteristica di uno dei due, che sia emotiva o comportamentale, condiziona inevitabilmente l'altro, e si possono comunicare persino i pensieri inconsci. Per esempio: quando un genitore è arrabbiato, il bambino si sente spaventato. Quando un capo sorride, gli impiegati si sentono a loro agio.

E dunque, cosa succede quando qualcuno si rivolge a te

per avere il tuo aiuto? Avverti una naturale propensione ad aiutarlo. Quando sentiamo suppliche del tipo «Abbiamo un disperato bisogno del tuo aiuto. Soltanto tu puoi aiutarci», siamo portati a contribuire nonostante le nostre stesse difficoltà, magari risparmiando quel poco che abbiamo per fare donazioni con regolarità. Alcuni di noi imboccano la strada opposta. Altri, quando esauriscono le risorse, respingono le richieste di aiuto o evitano di incrociare i bisognosi.

Gli psichiatri spiegano che nelle persone che vengono interpellate, affinché diano il proprio aiuto, si risveglia il narcisismo. Quando l'impulso di lasciare che qualcuno dipenda da noi diventa opprimente, potremmo sviluppare un'opinione esagerata sulle nostre capacità e sul nostro valore. Di contro, è possibile avvertire un bisogno di proteggere le nostre ultime risorse. Entrambe le reazioni, sebbene opposte, derivano da un'inclinazione narcisistica dell'uomo.

Il problema della ricompensa

Quando una persona diventa dipendente, l'altra potrebbe diventare narcisista. Con la sensazione di essere apprezzati e l'aiuto rivolto alla persona dipendente, si instaura una relazione simbiotica. La dipendenza e il narcisismo creano uno stato affettivo di reciproco bisogno. Forse l'amore comincia così in tutto il mondo. Quando una madre prende in braccio il figlio per la prima volta, avverte un'immensa responsabilità e l'aspirazione a essere una madre perfetta, nonché il desiderio di offrire al figlio la felicità assoluta. Ciò crea un forte legame di attaccamento.

Le aziende sfruttano questo fenomeno. L'orientamento

dei nuovi impiegati è in sostanza un insieme di programmi che risvegliano il narcisismo. L'azienda trasmette il proprio disperato bisogno di devozione da parte dei neoassunti. Un capo esperto non rimprovera o mette fretta a un impiegato; al contrario, gli richiede molto umilmente: «Conto su di te». Ciò rende il sottoposto determinato a utilizzare tutte le abilità a sua disposizione per aiutare l'azienda e il superiore.

Perché il rapporto tra dipendenza e narcisismo venga preservato in modo appropriato, sono necessarie delle adeguate ricompense. Quando gli impiegati forniscono forza lavoro, il principale deve offrire una retribuzione sufficiente ad assicurargli che possa farvi affidamento. Entrambe le parti hanno bisogno di soddisfare la dipendenza e l'amor proprio, affinché la relazione duri. Anche una madre devota può sentirsi estenuata dall'allevare il figlio, ma la crescita del bambino le offre una forma di felicità come ricompensa. Addirittura le conferme esterne da parte degli altri – «Stai facendo un ottimo lavoro! Tuo figlio è in salute e felice grazie a te!» – aiutano a mantenere una sana relazione madre-figlio.

Tuttavia, quando l'equilibrio tra dipendenza e soddisfazione di sé viene turbato, sorgono i problemi. Se una parte diventa dipendente in modo eccessivo, nessun quantitativo di attenzioni produrrà delle ricompense positive, cosa che a sua volta porterà all'estenuazione. Il narcisismo stimolato in precedenza si raffredderà e si trasformerà in risentimento. Di conseguenza, le persone esageratamente dipendenti alla fine sono respinte, e spesso vengono ferite dalla persona narcisista su cui facevano affidamento. Eppure, nonostante questo, tendono ad aggrapparvisi ancora di più perché considerano l'altro un individuo sicuro di sé e sano, a differenza di loro stessi. Ma i tratti narcisistici dell'altra persona erano alimentati dalla loro stessa dipendenza. I dipendenti si lasciano ferire dal rifiuto del narcisista esausto e alla fine i due si separano, ignari che sia stata la dipendenza di entrambi a nutrire la sicurezza del narcisista e al tempo stesso a separarli.

LIBERARSI DALLA DIPENDENZA ECCESSIVA

Le persone esageratamente dipendenti spesso hanno tre grandi convinzioni fuorvianti che le rendono vulnerabili alla manipolazione, ad aspri rifiuti e a una vita di autocommiserazione. I tre concetti errati sono i seguenti.

Essere soli è doloroso

Questa convinzione instilla un'eccessiva paura di non avere un partner, una famiglia o un gruppo sociale di appartenenza. Essere soli non ci rende malati, né significa sempre venire bullizzati, ma chi è esageratamente dipendente vede la solitudine come un segno di fallimento personale.

Arriverà qualcuno a salvarmi

Queste persone vedono se stesse come individui straordinariamente inferiori. Sono convinte che gli altri siano completi e perciò capaci di aiutarle. «Invidio le persone normali» è una cosa che questi soggetti dicono spesso. Arrivano ad affidarsi agli altri in situazioni anche pessime, andando incontro a inevitabili delusioni.

Essere dipendenti è un male

Chi è convinto di questo avverte una profonda vergogna verso se stesso se qualcuno sottolinea che è dipendente dagli altri. Tuttavia, chiunque fa affidamento su tutti gli altri in un certo qual modo: ciò che conta è come dipendiamo dagli altri e da chi dipendiamo. Considerare la dipendenza un male di per sé ha come conseguenza il rifiuto dell'aiuto medico, della vita sociale e delle attività religiose. Tali persone non riescono ad ammettere la propria dipendenza, continuando a essere attratte da narcisisti o a trasformare persone normali in narcisisti, generando maggiore sofferenza e delusione in sé e negli altri.

Se dopo aver letto questo paragrafo ti ritrovi a domandarti se sei una persona esageratamente dipendente o se hai la tendenza a creare una dipendenza immatura con gli altri, è perfettamente normale. La consapevolezza e l'accettazione del proprio problema sono già un passo importante. Questa consapevolezza di te ti aiuterà a creare in modo graduale delle modalità di dipendenza mature e più sane. Se senti che stai già mettendo in pratica la dipendenza sana, va altrettanto bene. Essere soddisfatto di te è un processo essenziale, che può accrescere anche il tuo senso di autostima.

L'esercizio di oggi per una sana autostima: su cosa dovrei fare affidamento?

Innanzitutto, riconosciamo che il nostro istinto di affidarsi a qualcuno è naturale per tutti. Il desiderio di soddisfare questo bisogno è normale per ogni uomo o donna, fin da quando nasciamo.

Adesso, prendi in considerazione ciò su cui dovresti fare affidamento. L'oggetto della tua dipendenza dovrebbe essere più forte, più sano e più completo di te. Affidarti a sostanze nocive come l'alcol o il tabacco danneggerà il tuo corpo, mentre la dipendenza dal gioco d'azzardo o dall'infedeltà può portare alla rovina personale.

Se stai facendo affidamento sul fumo per gestire lo stress, è il momento di trovare un nuovo sbocco che ti aiuti a rilassarti. Decidi se dedicarti alla meditazione, quando sei irritato e frustrato, o se chiamare un partner o un amico per sfogarti.

Quando scegli qualcuno su cui fare affidamento, cerca di capire se questa persona è degna di fiducia. In alternativa, fare affidamento su una figura astratta o defunta può essere una buona opzione. Personalmente, mi sento molto vulnerabile quando qualcuno che mi sta a cuore viene a mancare, perciò trovo una forma di consolazione nel dipendere da costoro nonostante siano già spirati. Sebbene non possiamo essere certi di nulla riguardo all'aldilà, è confortante pensare che, a prescindere da quanto dipendente io diventi da lui, il defunto non si trasformerà mai in un narcisista e non mi respingerà.

Conclusioni della terza parte

IL POTERE PROTETTIVO DELLA DISTANZA SALUTARE

Di recente mi sono imbattuto in una statistica che riportava un dato: l'ottanta percento delle persone che vogliono lasciare il lavoro menziona un *conflitto interpersonale* come motivazione principale. I problemi relazionali sono una difficoltà persistente per molti, non soltanto al lavoro, ma anche tra amici, coniugi, genitori, figli e parenti acquisiti.

Per coloro che stanno affrontando problemi interpersonali, voglio enfatizzare l'importanza innanzitutto del mantenere una distanza salutare. Liberatevi del desiderio di essere vicini a tutti o di ottenere l'approvazione di chiunque. Concentratevi sul circondarvi di persone che vanno d'accordo con voi e non investite le vostre energie in quelle che non lo fanno.

In secondo luogo, voglio mettere in luce il principio di azione e reazione. Quando spingi via gli altri, vieni spinto via a tua volta. Quando attacchi qualcuno, il tuo cuore soffre in egual misura. Più ferisci gli altri, più ferite si accumulano dentro di te. Il dolore provocato spesso torna indietro attraverso persone diverse e nel corso del tempo, rendendo difficile constatare che la fonte originale delle sofferenze eri tu.

Da ultimo, è importante riconoscere che persino le migliori relazioni hanno dei limiti. Non esiste la relazione perfetta. Persino i legami genitori-figli possono indebolirsi, anche i fratelli possono finire per vedersi solo una o due volte l'anno. È naturale che si crei della distanza con la famiglia con cui sei cresciuto. Perciò, perché estenuarti nel tentativo di mantenere delle relazioni impeccabili persino con le persone che incontri soltanto nella tua vita sociale o professionale?

Parecchie donne e uomini si tormentano con pensieri ossessivi sulle relazioni umane. La maggior parte degli impiegati trova già difficoltoso reggere il ritmo delle pretese lavorative, eppure impiega immense energie nella gestione delle relazioni in ufficio. Anziché farti costantemente pressioni da solo per andare d'accordo con tutti al lavoro, usa quel tempo per ricaricarti. Così come dovresti dimenticarti del lavoro non appena esci dall'ufficio, cerca di liberarti anche dei pensieri riguardo ai tuoi colleghi.

Riepilogo della lezione di autostima

- *Proprio come il rispetto di sé, l'autostima non necessita di conferme esterne.*
- *Ricerca la tua personale approvazione. Tentare di compiacere gli altri non farà altro che aumentare i tuoi livelli di stress e di ansia, operando contro il salutare sviluppo della tua autostima.*
- *L'ambiente lavorativo non è un buon posto in cui giudicare la salute della tua autostima. È importante distinguere il tuo lavoro, la tua carriera e i tuoi sogni.*

- *Abbiamo tutti un innato desiderio di essere necessari e importanti per la società, ma non riuscire a sentirsi apprezzati in un'area non significa che devi sentirti indesiderato in tutti gli aspetti della vita.*
- *Un buon processo decisionale consta di tre componenti chiave: puntualità, conoscere il campo di applicazione della decisione e sapere che non esistono decisioni perfette.*
- *Il processo decisionale fonde tra loro in ugual misura sia l'emozione sia la ragione.*
- *Quando ti trovi di fronte a eventi negativi del passato, concentrati per stabilire obiettivi immaginando futuri alternativi. Domandati: E se?*
- *Essere egoisti fa parte della natura umana. Accetta l'altruismo egoistico.*
- *Vi sono tre tipologie principali di dipendenza malsana: l'eccessiva dipendenza, la dipendenza malriposta e la negazione della propria dipendenza.*

QUARTA PARTE

EMOZIONI CHE OSTACOLANO LA COSTRUZIONE DI UNA FORTE AUTOSTIMA

1

PERCHÉ È COSÌ DIFFICILE CONTROLLARE LE EMOZIONI?

In questo capitolo esploreremo le varie emozioni che sperimentiamo nelle nostre vite quotidiane. Le emozioni e l'autostima sono profondamente connesse fra loro. La maggior parte delle sfide della vita è legata alle emozioni, e il modo in cui le esprimiamo o gestiamo può cambiarci la vita. Nonostante la loro straordinaria importanza, mi sorprende il fatto che ben poche persone conoscano il modo più efficace in cui esprimere e controllare le proprie emozioni.

Quando, durante la terapia, domando ai miei pazienti che cosa provano in determinate situazioni, di rado ottengo una chiara identificazione dei loro sentimenti. Più della metà di loro nega di provare alcunché, evita la domanda o cambia del tutto argomento. All'inizio, mi sentivo piuttosto preso in contropiede da simili reazioni. Per quale motivo le persone faticano a essere oneste riguardo alle loro emozioni?

Non mi ci è voluto molto per rendermi conto che questa reazione, a dire il vero, è alquanto naturale. Le emozioni appartengono alla sfera degli istinti, mentre le espressioni verbali appartengono a quella della ragione. Di conseguenza, per chi è profondamente soffocato da un'emozione, è difficile esprimersi con accuratezza in forma verbale. Domandare a qualcuno in balìa dei propri istinti di fornire una spiegazione razionale equivale a chiedergli di risolvere un enigma impossibile. Come suggerisce la stessa frase *Mi mancano le parole,* quando le emozioni sono intense diviene complicato anche soltanto parlare. Solo dopo aver stabilito una certa distanza emotiva riusciamo a iniziare a riflettere sui nostri sentimenti.

Emozioni: il corredo della mente

È come se le emozioni fossero gli abiti che indossa la nostra mente, e che rivelano il nostro stato interiore al mondo esterno. Possiamo dire che la nostra capacità di regolare le emozioni è simile all'avere un buon senso della moda. Indossare abiti trendy e di buona fattura può farti sentire sicuro di te, mentre indossare degli stracci può farti sentire in imbarazzo e a disagio. Tuttavia, così come *la moda perfetta* è soggettiva, non esistono emozioni positive o negative in senso assoluto. Alcuni possono indossare il ruvido tessuto della rabbia, della tristezza e dell'autocommiserazione con un fascino d'altri tempi, mentre con gli abiti luminosi della felicità e della gioia potrebbero sembrare impacciati, se questi sentimenti venissero imposti da qualcun altro.

Il tipo di emozione che governa le nostre azioni determina in larga scala la salute della nostra autostima. In questo senso, il modo in cui gestiamo le emozioni può alterare drasticamente il corso delle nostre vite.

IL RAPPORTO TRA REGOLAZIONE DELLE EMOZIONI E AUTOSTIMA

Oggigiorno, esprimere le proprie emozioni in modo onesto, anche a rischio di incorrere in critiche, viene visto come una virtù. Siamo incitati ad avere il coraggio di non essere apprezzati o di rifiutare con fierezza di sopportare la stupidità altrui. C'è una crescente convinzione che chiunque non nasconda le proprie emozioni sia una persona sana. Ma è davvero così?

Sebbene esprimere le emozioni sia senza alcun dubbio importante, non è sempre adeguato o vantaggioso lasciarle fuoriuscire senza alcun controllo. Le emozioni, come la fame o la sonnolenza, appartengono alla sfera degli istinti, e spesso vengono percepite in modo inconscio prima ancora che ci accorgiamo della loro esistenza. Eppure, così come mangiare sempre cibo spazzatura può portare al diabete o all'ipertensione e troppo sonno può causare problemi di salute, lo stesso principio si applica all'espressione delle emozioni. La chiave di tutto è la moderazione.

Quando vogliamo esprimere la nostra rabbia con controllo ma finiamo per esplodere, o quando non riusciamo proprio a esternare alcuna emozione, subentrano i problemi. Se non riusciamo a regolare le nostre emozioni, il nostro senso di autocontrollo – una componente fondamentale dell'autostima – diminuisce.

Perché ci sentiamo depressi dopo uno scoppio emotivo

Comprendere il processo con cui le emozioni si formano e si traducono in azioni può fornire un utile punto di partenza per la regolazione delle emozioni. Quando le emozioni si risvegliano, il cervello percepisce una minaccia. Rilascia adrenalina, il neurotrasmettitore per le aggressioni, mentre la dopamina, il neurotrasmettitore per l'attività, investe i centri dell'istinto. Allo stesso tempo, il lobo frontale, responsabile della ragione, smette di funzionare. In questa condizione, il cervello dà la priorità alla sopravvivenza e mette in secondo piano il pensiero razionale, risvegliando la parte più profonda e più istintiva di sé, il sistema limbico. Questo segnale cerebrale viene rapidamente trasmesso al corpo: *Attenzione! Siamo furibondi! Prepararsi alla battaglia!* Il corpo risponde accelerando il battito cardiaco e la respirazione. Il cervello interpreta questi cambiamenti fisici come un'ulteriore prova di una crisi e invia altri segnali di allarme in risposta al corpo, scatenando un circolo infinito di controreazioni.

Senza un freno efficace, la tensione può degenerare sino al proprio apice ed esplodere. Ciò ha come risultato delle reazioni come gridare o lanciare oggetti, che spesso hanno la meglio nel momento in cui l'adrenalina raggiunge il suo massimo e l'azione della dopamina si acutizza. Dopo essere arrivato a questo apice, il cervello passa rapidamente a uno stato depressivo come meccanismo di ripresa. Il corpo e il cervello, dopo una sovrastimolazione, entrano in una fase di riposo. Il cervello interrompe la produzione di adrenalina, cosa che porta a sensazioni di letargia, inettitudine e vergogna di sé.

I genitori si sentono in colpa dopo aver gridato contro i

propri figli o coniugi; anche provare rimorso dopo aver pronunciato parole severe a qualcuno segue questo schema. L'evoluzione umana ha integrato un ciclo di depressione che segue inevitabilmente l'eccitazione, come fosse una naturale misura di sicurezza. Questo meccanismo di freno innescato dal cervello è fondamentale per la sopravvivenza umana, perché si assicura che nessuno di noi resti in un costante stato di elevata allerta.

Tre tipologie di persone che faticano a regolare le emozioni

Il cervello e il corpo umano sopravvivono attraverso un'equilibrata regolazione di ogni sensazione. Tuttavia, alcune persone trovano particolarmente difficoltoso gestire le proprie emozioni. Di norma, questi individui danno di matto con regolarità, hanno dei traumi irrisolti o reprimono ciò che sentono.

La regolazione delle emozioni è difficile per chi ha l'abitudine di dare in escandescenze. Quando il suo cervello entra in uno stato di eccitazione, le mani, i piedi e le corde vocali reagiscono. All'apice dell'agitazione, il centro emozionale nella parte più recondita del cervello diventa iperattivo. Il corpo di solito cerca di indirizzare questa iperattività verso altre aree. Per esempio, attività come prendere un respiro profondo, scagliare pugni nel vuoto o gridare dalla cima di una montagna possono aiutare a stabilizzare il centro emozionale. Il problema si presenta quando il bisogno di sfoghi fisici diventa estremo e si trasforma in violenza perpetrata verso altri o se stessi.

Anche i traumi irrisolti ostacolano la regolazione delle emozioni. L'ippocampo, il centro della memoria del cervello dove vengono immagazzinate le esperienze passate, è strettamente connesso al centro emozionale del cervello noto come amigdala. Di conseguenza, per chi ha dei traumi passati irrisolti, le emozioni associate a certi ricordi restano vivide e facilmente innescabili. Una accentuata sensibilità può portare a frequente ansia, soprattutto se il trauma passato è collegato a una profonda paura. L'innesco funziona più o meno allo stesso modo di chi sfoga la propria rabbia irrisolta sulle persone sbagliate.

Ugualmente, reprimere le emozioni significa non riuscire a regolarle. Alcuni mostrano di rado rabbia, odio o tristezza perché interpretano come un segno di debolezza avere delle emozioni. Non sono privi di sentimenti: li rinnegano e basta. Le neomamme convinte di dover essere sempre pazienti con i propri figli, i neoassunti che pensano di dover tenere la testa bassa e lavorare senza lamentarsi e gli studenti che sentono di doversi concentrare esclusivamente sullo studio, per esempio, spesso reprimono le proprie emozioni. Le loro naturali risposte emotive provocano un senso di colpa. Così come una persona a dieta cerca di ignorare la fame, con il loro comportamento in sostanza negano i loro istinti umani.

Caratteristiche delle persone che gestiscono bene le emozioni

Le persone che faticano a regolare le emozioni spesso oscillano tra la repressione e l'esplosione. Quando sono arrabbiate con il partner, potrebbero optare per un comportamento passivo-aggressivo: «Non sono arrabbiato. Ma, giusto per curiosità, perché sei in ritardo?». Sopprimono le loro emozioni nonostante i segnali fisici che avvertono, come il battito cardiaco accelerato e le lacrime. La pressione aumenta fino a che non esplodono, provocando danni a se stessi e agli altri.

Di contro, chi sa gestire bene le emozioni è consapevole di ciò che sta provando, di quanto forte sia quell'emozione e fino a che punto lo sta condizionando. Comprende che la propria rabbia verso un subordinato, per esempio, non deriva solo dall'immediata situazione, ma anche da esperienze pregresse e da quanto quel giorno si sente stressato o stanco. Queste persone evitano di prendere decisioni o di assumersi impegni importanti quando sono emotivamente cariche, e prima di agire aspettano che l'ondata emotiva passi. Potrebbe sembrare che stiano sopprimendo le loro emozioni, ma in realtà stanno scegliendo di non agire in modo impulsivo. Anziché gridare, prendono un respiro profondo, escono dalla stanza, si sistemano i capelli o gli abiti per focalizzare l'attenzione altrove. Tutti quanti sperimentiamo emozioni intense: la differenza tra noi sta nella discrezione con cui le gestiamo. Alcuni aspettano che il sentimento si affievolisca, mentre altri lo sguinzagliano subito di fronte a tutti.

L'esercizio di oggi per una sana autostima: il diario emozionale

Per regolare i nostri sentimenti, innanzitutto dobbiamo riconoscerli. Le emozioni sono come onde di fronte a noi.

Anziché farci portare via dall'acqua, dovremmo prepararci a cavalcarle. Coloro che sono stati per molto tempo sopraffatti dalle proprie emozioni potrebbero trovare spaventoso persino guardare queste onde. Ma per cavalcarle, prima bisogna osservarle. Di conseguenza, il primo passo è praticare la consapevolezza.

Prova a rievocare tutti gli eventi della giornata, dal mattino alla sera, e trascrivi le emozioni che hai provato in ciascun momento. Questo ti rivelerà quali sono le tue sensazioni ricorrenti. Se una particolare emozione compare più di tre volte, presta attenzione agli eventi o ai pensieri a cui è legata. Questo esercizio si chiama *diario emozionale*. La chiave di un diario emozionale è la conclusione: è necessario finire sempre con un'affermazione anziché una domanda. Concludere con *Perché mi sento in questo modo?* può intensificare l'emozione attuale e generare biasimo verso se stessi o perfino depressione. Per evitarlo, metti fine all'annotazione con un punto esclamativo, e non con un punto di domanda.

Un esempio.

Il mio capo mi ha rimproverata. Mi sono sentita incompresa e arrabbiata.

Mio marito si è infastidito perché la casa era un disastro. Mi sono sentita ferita.

Quando mi sono messa a letto, sono sgorgate di colpo le lacrime. La vita è miserevole. Mi sono fatta pena da sola.

Conclusione: *Perché mi faccio abbattere da ogni cosa? Questa è stata una giornata dura da affrontare!*

2

COSE DA INDIVIDUARE PER REGOLARE LE EMOZIONI

L'autostima è la misura in cui abbiamo rispetto di noi stessi, ma è anche considerata un tipo di emozione. È per questo motivo che è fondamentale avere una sana autostima, così da poter distinguere e gestire le varie emozioni che proviamo. Una minima consapevolezza su alcune tematiche di psicologia può essere utile, in quest'ottica. Le emozioni sono come l'elettricità: sono cruciali per la vita quotidiana, ma se le utilizziamo male possono darci la scossa.

LE EMOZIONI HANNO DELLE ETICHETTE

Regolare le emozioni è simile a guidare un'automobile. Anche se possiedi un'auto elegante, è inutile averla se non sei in grado di guidarla o se la vettura non risponde ai tuoi comandi. Hai bisogno di sapere come fare per fermarla dove vuoi o farla andare nella direzione che desideri. Una volta padroneggiate le basi della guida, hai anche bisogno di conoscerne i dettagli più minuziosi: quale pedale aumenta la velocità o quale tasto regola la temperatura interna.

Lo stesso si applica alle emozioni. Per avere la padronanza delle tue, devi sapere che emozioni stai provando, le loro caratteristiche, i punti che hanno in comune e dove differiscono. Per fortuna, gli umani hanno inventato dei nomi per molte delle sensazioni che proviamo.

Dare un nome alle emozioni è importante perché il reperimento delle parole è una capacità cognitiva. Un interessante studio pubblicato su una rivista di neurochirurgia nel febbraio 2009 ha scoperto che molti pazienti sottoposti a degli interventi al cervello a causa di tumori o incidenti faticavano a ricordare i nomi di persone o di oggetti. Un'analisi più approfondita ha rilevato che questa difficoltà era più pronunciata in pazienti con dei danni al lobo frontale sinistro e al lobo temporale anteriore. In particolare, la capacità di collegare i nomi ai volti era considerevolmente compromessa nei soggetti con un danno al lobo frontale.

Quando le emozioni si intensificano, il focus cerebrale si sposta sul sistema limbico o circuito limbico. L'attività cerebrale è concentrata in quest'area, e il risultato è che non vi è quasi più alcuna funzione nell'area corticale, come il lobo frontale. Per liberare il cervello da questo stato di focalizzazione emotiva, bisogna trovare il modo di riequilibrare le attività cerebrali, di modo che le altre parti del cervello possano funzionare di nuovo come si deve.

Usare delle carte con i nomi delle emozioni può essere efficace per placarle e gestirle. Mostro spesso le carte delle emozioni ai miei pazienti, offrendo loro un'opportunità per cogliere in maniera razionale le emozioni che stanno provando.

I CINQUE PASSI PER PLACARE LE EMOZIONI

Durante il mio tirocinio in psichiatria, grazie a un seminario ho scoperto la terapia cognitivo-comportamentale (CBT). LA CBT classifica tutte le situazioni e le esperienze in gruppi distinti, come fossero gli elementi della tavola periodica. Da una prospettiva CBT, il mondo è diviso in *eventi*, *pensieri*, *emozioni* e *azioni*.

Data la mia predilezione per la classificazione, ho trovato la CBT particolarmente allettante. La cosa ancora più sorprendente è che quando ho iniziato a suddividere gli eventi e le mie reazioni a essi in queste categorie, tutta la mia vita ha iniziato a cambiare in modo considerevole. Per esempio, ho scoperto di perdere il sonno quando le mie emozioni vacillano. Una notte, mentre stavo sdraiato a letto, sveglio e in preda all'ansia, ho pensato alla CBT e ho deciso di applicarla.

Non riuscivo a dormire la notte. Quali emozioni si innescavano in questa situazione? Dopo averci riflettuto su, mi sono reso conto che il cuore mi martellava e che mi ritrovavo anche ad avere il fiato corto. Era l'ansia. Scavando ancora più a fondo sui motivi per cui mi sentivo ansioso, mi sono ritrovato consumato dalla domanda *Sarò mai un buon padre?* Ma qual era l'evento che aveva scatenato quel pensiero? Un paio di giorni prima, mia moglie mi aveva detto di essere incinta. Un evento aveva portato a un pensiero, che aveva portato a un'emozione, che aveva scatenato una reazione fisica.

Situazione: Mia moglie è incinta.
Pensiero: Sarò un buon padre?
Emozione: Ansia, paura.
Reazione fisica: Insonnia, palpitazioni.

Azione: Di notte resto seduto a fissare il vuoto.

Soluzione: Domani mattina farò delle ricerche su come essere un buon padre.

Perciò, organizzando eventi, pensieri, emozioni, azioni e persino reazioni fisiche, sono stato in grado di ritrovare un po' di pace dei sensi.

Classificare è un atto del pensiero razionale. Disperdendo l'attività cerebrale dalla sfera delle emozioni a quella della ragione, le emozioni possono essere gestite, consentendo così di vederle con chiarezza e di identificare i problemi ed elaborare le soluzioni.

Tuttavia, questo metodo non sempre funziona. Quando si ha subìto un grave trauma o quando persistono delle condizioni patologiche, le abilità cognitive complessive si riducono, inclusa la capacità di comprendere ciò che stiamo provando.

In simili casi, tutto è ingarbugliato. Il sistema limbico e i centri della memoria diventano disorganizzati. Quando siamo sopraffatti dalla tristezza o dalla rabbia, ci sovvengono solo ricordi associati alla tristezza o alla rabbia, e questa ondata di pensieri negativi porta a un'impennata ancora maggiore di emozioni negative. Oltretutto, lo stress assottiglia il confine tra passato, presente e futuro. Possiamo persino confondere le nostre emozioni con le emozioni di altri. I traumi pregressi si tramutano in preoccupazioni per il futuro – *E se la stessa cosa accadesse di nuovo?* – e *Sono indegno* si trasforma in *Anche gli altri pensano che io sia patetico.*

Questo circolo vizioso, che si verifica tra le proprie emozioni interiori e i ricordi, può espandersi nel tempo e nello spazio e includere il passato, il futuro e il mondo esterno. Di conseguenza, quando la regolazione delle emozioni viene meno, è essenziale identificare con chiarezza da dove arrivano le emozioni. Bisogna sforzarsi per riconoscere la differenza tra emozioni passate, sentimenti attuali e aspettative future. Inoltre, è fondamentale tenere a mente che tutto ciò che si prova non è altro che un'emozione da sperimentare.

Gestire le emozioni in situazioni difficili

È raro trovare qualcuno che sia naturalmente propenso a identificare e classificare le proprie emozioni sin dall'inizio. Anzi, se una persona dovesse preventivamente classificare le proprie emozioni ancora prima di provarle sul serio, potrebbe essere vista come ossessiva. Tuttavia, è chiaro che, una volta che ti immergi in un'emozione e poi riesci a elaborarla, puoi trovare quasi sempre una via d'uscita dallo stato emotivo.

A volte, però, gestire le emozioni può essere particolarmente difficile, malgrado i nostri migliori sforzi. Questo accade spesso quando le nostre funzioni cerebrali sono turbate dal punto di vista sociale o biologico. Per esempio, dopo una prolungata privazione del sonno o quando siamo innamorati, le nostre condizioni fisiche ed emotive sono ben lungi dall'essere normali. Molte persone credono erroneamente che non riuscire a gestire le emozioni in circostanze di vulnerabilità sia un segno di debolezza, ma un simile pregiudizio può portare soltanto al disprezzo di se stessi. Ecco alcuni scenari che rendono più difficoltosa del solito la regolazione delle emozioni.

Questioni familiari

Le emozioni legate alla famiglia possono essere particolarmente dure da gestire perché spesso confondiamo i sentimenti dei nostri parenti con i nostri. Potremmo sentirci coinvolti in maniera profonda dalle emozioni di un membro della nostra famiglia o avere l'errata convinzione di condividere anche noi quell'esatto sentimento. Per esempio, se un membro della famiglia sta male, soffriamo più di quanto faremmo per le malattie di altri. Se i nostri genitori vengono insultati, ci arrabbiamo molto più di quanto non faremmo se accadesse a un estraneo. Con l'aumento del peso emotivo legato alla famiglia, la gestione delle emozioni diventa più faticosa.

Influenza dell'alcol

L'alcol sposta le funzioni cerebrali verso il sistema limbico, che governa gli istinti, e dunque indebolisce la corteccia prefrontale, responsabile della ragione e delle funzioni motorie. Ciò può portare a confondere i ricordi passati con le emozioni attuali e a mescolare i confini tra te stesso e gli altri, spesso con il risultato di creare conflitti.

Fame o privazione del sonno

In queste condizioni, il corpo entra in modalità crisi. Il talamo, una radicata struttura cerebrale, supervisiona la dieta e il sonno. Una prolungata mancanza di sonno o di glucosio può scatenare uno stato di emergenza nel talamo, compromettendo la ragione e lasciandoci guidati soltanto dall'istinto di sopravvivenza. Questo può portare a un'eccessiva aggressività o alla fame nervosa.

Innamoramento

In maniera similare a quando si è sotto l'influsso dell'alcol o influenzati da questioni di famiglia, quando si è innamorati la ragione ne risente. Soprattutto con l'amore, subentra l'uso di eccessivi meccanismi di soppressione delle emozioni. Questo deriva dalla convinzione comune che le emozioni negative dovrebbero essere evitate, se si è innamorati. Le madri, per esempio, spesso faticano a regolare le loro emozioni perché amano profondamente i figli, e l'intensità del sentimento per loro rende la regolazione delle altre emozioni più difficile.

Situazioni che ci toccano troppo da vicino

Empatia e compassione sono dei potenti motivatori che portano all'azione. È per questo motivo che proprio non riusciamo a ignorare le suppliche di un amico intimo o di colleghi che stanno vivendo situazioni simili ai nostri personali dilemmi.

Quando ci ritroviamo di fronte a uno o più di questi scenari, la cosa migliore è innanzitutto riconoscere che gestire le tue emozioni potrebbe essere arduo. Non credere di poter controllarle sempre al cento percento. È fondamentale accettare che anche una gestione parziale è un successo. Concentrarsi eccessivamente sulla regolazione delle emozioni può portare al disprezzo di sé o a sensazioni di colpevolezza, soprattutto nelle situazioni più difficili, e si rischia di sprecare inutilmente energie che potresti sfruttare per gestire le emozioni con efficacia in altri momenti.

L'esercizio di oggi per una sana autostima: distinguere pensieri, azioni ed emozioni

Prova a rievocare un'emozione o un episodio che hai vissuto oggi e rispondi alle domande incentrate su ciò che provi.

Un esempio.

Evento: *Oggi sono stato criticato dal mio capo per un piccolo sbaglio.*

Cosa senti quando pensi a questo episodio? *Frustrazione. Imbarazzo.*

Cosa provi nei tuoi confronti quando pensi a questo episodio? *Sono inutile. Potrei essere licenziato.*

Quali reazioni fisiche avverti da capo a piedi quando pensi a questo episodio? *Il mio cuore accelera e mi sento il viso accaldato.*

Quali azioni hai intrapreso in risposta a questo episodio? Come ti piacerebbe reagire in futuro? *Ho finito per abbuffarmi. In futuro, preferirei provare a parlarne con un amico davanti a un caffè.*

3

GESTIRE EMOZIONI DIFFICILI: IMBARAZZO, DESOLAZIONE E INDECISIONE

Un attore comico di successo annunciò il suo improvviso ritiro dalle scene. Un giorno, mentre indossava il trucco, fu colpito da una sensazione di imbarazzo. Si domandò: *E se lo vedessero i miei figli?* e *Quanto a lungo posso continuare a fare questo?* Così, quel giorno salì sul palcoscenico e scoprì di non voler più impegnarsi nel suo ruolo. In quanto attore comico scettico, non riusciva più a far ridere la gente. Non importava quanto popolare o ricco fosse, sopportare l'imbarazzo quotidiano era diventato insostenibile per lui. Perciò, abbandonò le scene e avviò un'attività.

Provare imbarazzo è come avere un nido di api nel cuore. Se lo disturbi, la rabbia nascosta, il senso di inferiorità e le ferite balzano fuori. Maneggialo con delicatezza e potresti ottenerne del dolce miele, ma è meglio restarne alla larga se non sei in grado di tenerlo sotto controllo.

Anche i performer navigati faticano a gestire le proprie emozioni quando affrontano l'imbarazzo sul palcoscenico. Sentirsi in preda alla vergogna o all'umiliazione può essere impegnativo per chiunque. Solo alcuni sono abili ad aggirare la cosa con facilità, ma la maggior parte delle persone si lascia condizionare dall'imbarazzo.

Preconcetti comuni riguardo all'imbarazzo

L'imbarazzo spesso deriva dalla preoccupazione riguardo a come gli altri ci percepiscono. Questa emozione è un prodotto dell'essere un animale sociale. Molti giovani sentenziano con spavalderia «A chi importa cosa pensano gli altri?», ma sono a loro volta influenzati dai commenti su internet e sui social media.

Diversi preconcetti causano frequente imbarazzo. Innanzitutto, crediamo erroneamente che tutti ci stiano guardando. Pensa a una fotografia di gruppo, per esempio. Potresti sentirti a disagio perché sei l'unico nella foto che ha gli occhi chiusi o che sta facendo un'espressione strana. Tuttavia, proprio come a te interessa del tuo aspetto, agli altri interessa del proprio. La maggior parte delle persone non si accorge di ciò che indossi, se il tuo trucco è colato o se hai gli occhi chiusi.

In secondo luogo, abbiamo la tendenza a essere troppo critici verso noi stessi. Giudichiamo spesso noi stessi piuttosto duramente. Siamo convinti che vi debba essere una valida ragione dietro ogni cosa che facciamo. In realtà, gli altri non prestano molta attenzione a ciò che facciamo o a come si modificano i nostri comportamenti, neppure notano i nostri errori e molto di rado ci giudicano con la stessa severità con cui noi puntiamo il dito contro noi stessi.

Per finire, pensiamo che gli altri ricorderanno i nostri momenti imbarazzanti a lungo. Immaginiamo che tu scopra che colleghi e amici spettegolano alle tue spalle. Lo shock, l'umiliazione e la sensazione di tradimento possono essere soverchianti. Tuttavia, questo è un preconcetto. Per loro, spettegolare è soltanto conversare con leggerezza. Le persone non si interessano a sufficienza degli altri tanto da concentrarsi sui loro sbagli per più di qualche istante.

Desolazione: il vuoto emotivo

L'imbarazzo è un'emozione profonda, che si intreccia con i pensieri sui giudizi altrui e sulla loro intensità e durata. All'estremità opposta dello spettro, c'è la desolazione. Non provare nulla - né eccitazione né vergogna - è ciò che definiamo insensibilità o desolazione.

La desolazione in sé non è un'emozione negativa. In molti si sforzano di liberare la mente da pensieri ed emozioni. Così come l'inattività viene percepita come un riposo, le persone esauste dal punto di vista emotivo dicono spesso: «Vorrei solo non pensare a nulla». La desolazione è il sentimento che subentra quando liberiamo la mente.

Tuttavia, in molti trovano angosciante la desolazione. Nonostante vogliano dimenticare tutto a causa di profondi fardelli psicologici, raggiungere questo stato desiderato spesso sembra inutile. Per quale motivo? Perché le persone non si rendono conto che ciò che stavano cercando era la desolazione. Stabiliscono obiettivi per guadagnare denaro o raggiungere il successo, ma di rado definiscono degli obiettivi emozionali. Sperano di provare *qualcosa di meglio rispetto a questo*, senza sapere cosa ciò significhi. Perciò, anche quando inconsciamente desiderano la desolazione, non riescono a riconoscerla una volta ottenuta.

Ciò può portare al rifiuto o allo sviluppo di una percezione negativa della desolazione, che ha come risultato delle reazioni dannose. La desolazione è un vuoto emotivo e, nel tentativo di colmare questo vuoto, le persone potrebbero finire per impegnarsi in maniera affrettata in alcune attività, come per esempio iniziare una nuova relazione. Per quanto un nuovo partner mascheri temporaneamente la desolazione, il rischio è di avviare una relazione indesiderata e procurarsi ulteriore insoddisfazione.

Se ripetuto, questo processo genera un'associazione mentale tra la desolazione e le azioni negative, associando la desolazione a esperienze dolorose. Di conseguenza, spesso i tentativi di eliminarla sfociano nel rimpianto, che fa percepire alle persone la desolazione come un'emozione negativa.

Indecisione: amare e odiare nello stesso momento

A volte sperimentiamo delle emozioni contrastanti che si alternano, ossia l'indecisione. Questa emozione comprende sentimenti di amore e odio, o l'impulso di mangiare nonostante non lo si desideri.

L'indecisione spesso emerge quando si discute di problemi relazionali. Se un amico ti chiede consiglio su una rottura e tu gli suggerisci di mettere fine alla relazione, lui potrebbe contestare all'improvviso: «E come faccio? Non troverò mai più qualcuno così». Di contro, se gli consigli di restare con il partner, potrebbe continuare a lamentarsi riguardo alle difficoltà della sua relazione. Questo ciclo di emozioni in conflitto è comune nelle storie d'amore.

Le persone particolarmente suscettibili all'indecisione sanno come prosciugare le energie mentali anche di coloro che li circondano. Quando gli amici la portano fuori a cena e offrono il loro consiglio spassionato, la persona indecisa non vi presta ascolto. Se le cose vanno per il verso giusto, non si prende il disturbo di ringraziarti perché ha esaurito le proprie energie mentali per farsi trascinare in direzioni opposte, e non le resta più alcuna attenzione da dedicare a chi la circonda.

Riconoscere le tue emozioni primarie

Finora abbiamo esplorato tre emozioni difficili: imbarazzo, desolazione, indecisione. Se stai faticando a regolare le emozioni, è probabile che una di queste emozioni emerga con frequenza.

Tutti hanno delle emozioni che provano con maggiore intensità rispetto ad altre, note come *emozioni primarie*. Per esempio, chi si sente spesso in imbarazzo è particolarmente sensibile alle opinioni altrui e percepisce dei semplici sguardi come delle prese in giro. Le persone la cui emozione primaria è sentirsi sminuiti potrebbero sperimentare con frequenza la svalutazione di sé e il risentimento. Potrebbero covare ostilità verso gli altri ancor prima di rendersi conto dei loro stessi sentimenti.

Identificare la tua emozione primaria è il primo passo per gestirla. Le emozioni primarie variano da persona a persona e possono comprendere sentimenti come il risentimento, la rabbia o la vergogna. Potresti avere più di una emozione primaria.

Anche la soluzione per queste emozioni può variare. Per

alcuni, anche solo riconoscere l'emozione può arrecare sollievo, mentre altri potrebbero dover ricorrere a strategie diverse. Il punto focale è che padroneggiare un'emozione primaria può aiutare a gestire anche le altre. Nei capitoli a venire, classificheremo le emozioni secondo la loro intensità ed esploreremo in che modo regolarle.

L'esercizio di oggi per una sana autostima: riflettere sulle tue emozioni primarie

Identificare le tue emozioni primarie è fondamentale. Riconoscere quando emergono ti aiuta a individuarle. *Ah, la mia emozione primaria* – inserisci qui quale – *oggi fa le bizze!* Riconoscere le emozioni è cruciale perché non riuscire a farlo può portare all'autocritica, del tipo *Cosa c'è che non va in me?*

Piuttosto, limitati a commentare che la tua emozione primaria sta venendo a galla. Domandarsi *perché* può portare alla condanna di se stessi, ma commentare senza giudizi ciò che provi ti permette di elaborare le tue emozioni.

Le persone con una bassa autostima spesso sprecano energie a interrogarsi sulle proprie emozioni primarie. Si chiedono: «La mia emozione primaria è davvero l'imbarazzo? E se fosse qualcos'altro?». Ricorda: puoi avere molteplici emozioni primarie che possono cambiare di giorno in giorno o restare indefinite. Come i sogni d'infanzia, le emozioni primarie possono evolversi, e non è un problema se lo fanno.

Non stressarti per identificare la tua emozione primaria. Più di ogni altra cosa, rifletti ci sopra. Farti domande e analizzare la tua emozione primaria può aiutarti ad avere una mente più sana.

4

GESTIRE LE EMOZIONI “CALDE”: DISPREZZO DI SÉ, SENSO DI COLPA, AUTOCOMMISERAZIONE E AMOR PROPRIO

Le emozioni sono come il meteo: giorni di pioggia, giorni di sole. Allo stesso modo, i cambiamenti emozionali sono del tutto normali. Un meteorologo non ha il controllo sul clima, ma lo comprende per consigliare la protezione solare nei giorni di sole e gli ombrelli nei giorni di pioggia. Analogamente, coloro che sanno gestire bene le proprie emozioni non mirano a eliminarle o a modificarle, bensì a comprenderle e a rispondervi in maniera appropriata.

Tuttavia, chi ha una scarsa autostima spesso è insoddisfatto delle proprie emozioni. Questo equivale a lamentarsi del sole cocente nei giorni di bel tempo o dell’umidità nei giorni di pioggia. I cambiamenti meteorologici vanno al di là del controllo umano; possiamo soltanto adattarci quando si verificano.

Il motivo per cui si discute costantemente delle emozioni nella gestione dell’autostima è proprio questo. Per affrontare le emozioni, dobbiamo prima capirle. Dobbiamo prima renderci conto se sta nevicando o piovendo, poi cogliere le caratteristiche di queste emozioni.

I quattro scenari delle emozioni intense

A molte persone, durante la crescita, è stato consigliato di sopprimere le proprie emozioni. Sin dalla tenera età, potrebbero aver sentito frasi come «Non piangere» o «I maschi non dovrebbero lagnarsi» e aver interiorizzato il bisogno di nascondere tristezza e dolore. Oggigiorno, poi, vi è una controreazione che enfatizza il potere della positività, cosa che può creare un'ossessione a rinnegare le emozioni negative. Come possiamo imparare ad accettare ed esprimere le nostre emozioni naturali in un simile contesto?

Per essere felici, i nostri ricettori emotivi devono essere attivi, in salute e in grado di gestire tutte le emozioni, positive e negative che siano. Tutte quante viaggiano a braccetto. Se abbiamo paura delle emozioni negative, il nostro cervello inizia ad annebbiare la percezione emozionale nel complesso, inasprendo tutti i ricettori emotivi per evitare i sentimenti negativi. Frequenti cambiamenti emotivi possono essere problematici a causa della sensibilità, mentre la paura delle emozioni porta all'insensibilità.

Esistono delle emozioni intense classificate come emozioni *calde*. Non sono del tutto negative, ma è consigliabile mantenere un'adeguata distanza da queste. I termini per le emozioni variano leggermente, in base alla loro direzione verso l'esterno o verso l'interno.

Rabbia vs disprezzo di sé

La rabbia è un'emozione feroce. Appellarsi alla rabbia è come stringere un tizzone ardente. Dal momento che brucia al minimo tocco, la gente spesso tenta di evitarla. Aggrapparvisi troppo a lungo può danneggiare non soltanto la mente, ma anche il corpo.

Come le fiamme, la rabbia ci avviluppa rapidamente. Quando incontriamo una persona rabbiosa, spesso tentiamo di schivarla o proviamo a spegnere la sua rabbia. A volte, questi individui però rispondono con una rabbia persino maggiore per sedare la furia altrui, secondo la logica del *combattere il fuoco con il fuoco*. Se si è abili nel gestire la cosa, si dovrebbe riuscire a controllare la rabbia altrui, ma un fallimento produrrebbe come risultato un danno doppio.

Chi prova rabbia di frequente cova del disprezzo di sé. Si arrabbia con se stesso quando è da solo, ma anche con i membri della propria famiglia quando è in loro compagnia, ferendo le persone a lui più vicine e più care con il proprio odio verso se stesso.

Se ti ritrovi spesso in balìa della rabbia, esaminane con attenzione l'intensità e la direzione verso cui la rivolgi. Concentrarsi molto sull'obiettivo della tua rabbia può farti dimenticare del tuo disprezzo verso te stesso. Riflettere su domande come *Quando è stata l'ultima volta che non mi sono arrabbiato per qualcosa?* e *Questa è davvero una cosa per cui arrabbiarsi o ho solo molta rabbia dentro di me?* è il primo passo per gestire la rabbia.

Astio vs senso di colpa

L'astio non è intenso quanto la rabbia, ma è comunque un'emozione pericolosa. Aggrapparvisi troppo o per troppo tempo causa delle ustioni di basso livello. È come del cibo molto piccante: va bene se assunto con moderazione, ma ingerirne troppo può causare dei problemi allo stomaco.

Non possiamo affrontare la vita evitando tutte le persone che non ci piacciono. Persino i membri della famiglia, a volte addirittura i bambini, possono suscitare sentimenti di astio. Perciò, avvertire dell'astio verso gli altri è naturale. Quando lo sopprimiamo, potremmo finire per reprimere del tutto le emozioni o ripiegare con dei meccanismi di difesa immatura. Questa comprende pulsioni come *la sindrome del bravo bambino*, per la quale ci si sente costretti a essere gentili con tutti e a compiere costantemente buone azioni.

Anche vivere con l'astio diretto verso di sé, o con il senso di colpa, è un meccanismo di difesa immatura. La paura delle critiche esterne porta a un preventivo biasimo verso se stessi come misura di protezione. Per esempio, se tuo figlio è in difficoltà, potresti finire per dirgli: «Ti ho deluso come genitore». Un simile disprezzo verso di sé non soltanto non permette di consolare il bambino, ma lo mette anche sulla difensiva. L'aggressione diretta verso di sé resta comunque aggressione, per giunta di tipo contagioso, perché è probabile che questo senso di colpa si trasferisca sul bambino.

Pena vs autocommiserazione

La pena è una sensazione di compassione verso gli altri. A differenza della rabbia e dell'astio, è un'emozione misericordiosa. Sin dall'infanzia ci viene insegnato che è un sentimento positivo; ma non vale per tutti i casi.

Quando mostriamo pena verso qualcuno che non è pronto a riceverla, possiamo creare un conflitto. Alcuni preferirebbero apparire sicuri di sé ed essere un costante oggetto di invidia. Se c'è qualcosa che manca nelle loro vite o vi sono aree in cui hanno bisogno di aiuto, preferiscono soffrire in silenzio anziché chiedere aiuto. Sono convinti che tenere nascoste le proprie necessità sia un modo di proteggere il proprio orgoglio. Dunque, se manifestiamo la nostra pena verso queste persone, finiamo per ferire i loro sentimenti.

D'altro canto, mostrare troppa compassione per se stessi viene chiamato *autocommiserazione*. Quando ci riferiamo a questo, nella maggior parte delle circostanze ne parliamo con un'accezione negativa. Implica considerare se stessi pietosi, credere che gli altri ce l'abbiano con te o, nei casi più gravi, vedere te stesso come una vittima. Potresti considerarti la vittima di genitori abusivi, del sistema educativo malsano, di dinamiche lavorative tossiche o di un cattivo matrimonio.

Le persone intrappolate nell'autocommiserazione spesso suscitano compassione negli altri. Ciò può aiutarli a stringere amicizie e a ricevere assistenza con facilità. Tuttavia, il supporto esterno rende loro difficile sfuggire alla propria autocommiserazione. Per esempio, dei genitori che provano compassione per il figlio potrebbero ritardarne l'indipendenza, oppure si potrebbe portare avanti una relazione che non funziona soltanto perché spinti dalla pena verso il proprio partner.

Le coppie in cui uno dei due prova compassione e l'altro prova autocommiserazione spesso si ritrovano a creare dei limiti nella relazione. Se l'altro non riesce a superare la propria autocommiserazione nonostante i migliori sforzi da parte del partner, alla fine ferirà i suoi sentimenti. Una persona intrappolata in uno stato di autocommiserazione, di contro, ha paura di abbandonare la sua condizione per timore che l'attenzione e la compassione che gli offre il partner possano venire meno.

Attrazione, amor proprio e attenzione

Sentirsi attratti da qualcuno significa nutrire interesse verso quella persona. Il nostro cervello cerca in modo naturale l'attenzione e la concentrazione verso gli altri. Vi sono molte discussioni contrastanti riguardo a ciò che è positivo o negativo per il cervello, ma ciò che desidera davvero è avere un oggetto su cui focalizzarsi.

L'amore, in sostanza, è quando il cervello trova qualcosa o qualcuno su cui fermarsi. L'attrazione è una risposta psicologica più blanda rispetto all'amore. Quando ti senti attratto da qualcuno, diventi curioso riguardo alla sua vita, i suoi pensieri e via dicendo. L'interesse e l'attrazione scatenano l'inizio dell'amore, e quando l'amore svanisce, l'attenzione è la prima cosa a scomparire. Quando un partner tradisce, il senso di tradimento deriva dalla percezione che egli abbia concentrato la propria attenzione su qualcun altro.

Amor proprio significa nutrire interesse verso te stesso. Quando abbiamo amor proprio, tendiamo a prestare attenzione a ciò che ci piace, a ciò che vogliamo e così via. Quando questo interesse verso di sé diventa eccessivo, si tramuta in narcisismo, che è una concentrazione esclusiva su ciò che ci procura piacere, una forma di amore egoistico.

La vita sarebbe più semplice se ci potessero semplicemente piacere le persone giuste e potessimo mostrare interesse verso gli individui migliori per noi. Ma la vita è complicata e a volte finiamo per provare attrazione verso chi non dovremmo. Il tradimento ne è un esempio. Tradire significa letteralmente comportarsi in modo scorretto e disonesto. In altre parole, è un gesto sbagliato e sleale verso tutte le persone coinvolte. In tali situazioni, la migliore linea di azione è abbandonare questi sentimenti. Tuttavia, le emozioni non sempre seguono la ragione. È a questo punto che gli sforzi per reindirizzare la tua concentrazione possono essere d'aiuto. Mantenere una distanza, sia fisica sia mentale, aiuta a distrarre il cervello dalla fonte di questi sentimenti, permettendo alle emozioni di svanire.

Di contro, può essere difficoltoso quando non riesci a smettere di provare risentimento verso qualcuno che dovresti amare, come un figlio o un coniuge. Allo stesso modo, potresti ritrovarti ricolmo di disprezzo e rabbia verso te stesso e nonostante gli sforzi non riuscire a provare amor proprio. In tali casi, gestire le emozioni attraverso interesse e concentrazione è fondamentale. Anche se il sentimento di amore per il tuo coniuge non è costante, mostrare interesse in diversi aspetti della sua vita è essenziale. Semplici gesti di interesse come domandare «Hai mangiato?» o «Cosa stai facendo adesso?» regalano a lui o a lei una porzione della tua attenzione. Dedicare anche solo il trenta percento del tuo spazio mentale al tuo coniuge può migliorare il rapporto. Per quanto certe pratiche non ravviveranno l'amore all'istante, ti aiuteranno a mantenere una relazione pacifica e ti eviteranno di farti consumare dall'astio o dalla rabbia.

Gli stessi principi si applicano quando si affronta l'insoddisfazione di sé. Anziché cercare di innamorarti di te stesso nell'arco di una notte, procedi per piccoli passi. Presta costante attenzione ai tuoi pensieri, a ciò che ti piace e a ciò che non ti piace, a quello che ti rende ansioso, a quello che ti rende felice e a che tipo di regali ti piacerebbe ricevere.

L'esercizio di oggi per una sana autostima: prestare attenzione a te stesso

Le persone con una scarsa autostima spesso si concentrano troppo sugli altri e sono esageratamente preoccupate delle opinioni e dei pensieri altrui. Questo focus distoglie l'attenzione che dovrebbero riservare a loro stessi. Per spostarlo su di te, inizia a prestare attenzione a te stesso. Scrivere un'autobiografia o verificare con costanza il tuo stato emotivo attuale può essere d'aiuto. Conoscere te stesso meglio di chiunque altro è fondamentale.

Per esempio, prova a rispondere a queste domande.

Dove sei nato?

Chi sono i membri della tua famiglia?

Come sono i tuoi rapporti con i familiari?

Com'è stato il periodo scolastico?

Com'è il tuo attuale stile di vita?

Quali sono le cose che ti fanno sentire bene o male?

Chi sono le persone che ti piacciono e quali sono le loro caratteristiche?

Quali sono i tuoi punti di forza e i tuoi punti di debolezza?

Quali sono i tuoi sogni? O quali erano i tuoi sogni, se adesso non ne hai?

Che tipo di persona ambisci a diventare?

5

GESTIRE LE EMOZIONI "FREDDE": DELUSIONE, ABBANDONO, CINISMO, INDIFFERENZA

Tutti noi abbiamo delle emozioni che apprezziamo e altre che troviamo difficili da sopportare. A seconda della professione o della situazione di una persona, certe emozioni sono più necessarie di altre. Per esempio, i medici vengono spesso associati alla razionalità, mentre gli artisti sono associati alla passione. Un medico non deve essere esageratamente emotivo o passionale quando cura i pazienti, perché questo potrebbe portarlo a fare gravi errori.

Alcuni di noi sono più cinici o freddi della media. Sebbene le emozioni fredde possano essere percepite come negative rispetto alle calde, anch'esse sono necessarie. Non ci sono emozioni giuste o sbagliate, ma è fondamentale gestirle tutte in modo adeguato soprattutto quando diventano travolgenti.

Tipi di emozioni fredde

Le persone le cui emozioni spesso si presentano come fredde hanno sviluppato questa condizione per un motivo. Vi sono determinati benefici nello scegliere delle emozioni *fredde* anziché quelle *calde*. Tuttavia, così come restare troppo a lungo esposti al freddo può portare a un raffreddore o ai geloni, è importante proteggersi per evitare di diventare personalità troppo fredde che sanno solo reprimere i loro sentimenti.

C'è stato un tempo in cui ho provato a essere insensibile. Più o meno all'inizio della mia adolescenza, ero convinto di non essere abbastanza tosto. *Sono troppo sentimentale. Da adesso in poi diventerò insensibile*, mi ero detto. Così, per vent'anni, la mia determinazione non è minimamente cambiata. Eppure, sentivo di poter essere scosso con facilità, piangevo spesso e arrossivo per un nonnulla. Finché a un certo punto la gente ha iniziato a dirmi che sembravo un tipo freddo. Alcuni piangevano a causa delle mie parole dure e altri mi consideravano troppo cinico per avere a che fare con me. Nel rendermi conto di ciò, mi sono allenato a sorridere davanti a uno specchio e a leggere poesie per addolcirmi. Nonostante questi sforzi, la mia espressione severa e il mio tono duro erano diventati parte della mia personalità. Adesso rimpiango di essermi sforzato tanto per essere freddo. Non c'è nulla di male nel versare delle lacrime o nell'essere affettuoso. Ero riuscito nel mio intento di mostrarmi duro e inscalfibile, ma con il tempo ho capito che era sbagliato.

Vi sono occasioni nella vita in cui devi essere freddo, certo, e le emozioni fredde non sono sempre negative. Tuttavia, un'eccessiva freddezza genera problemi. Se ti succede spesso di sentirti distaccato, anestetizzato, rifletti su quali di queste emozioni primarie sono in gioco. Osservati con attenzione per comprendere quale sia il tuo stato.

Delusione vs tristezza e depressione

Quando dici di essere deluso, significa che le tue aspettative sono state disattese. Ti aspettavi un pasto delizioso che non c'è stato, credevi di essere amato ma non lo eri o ti aspettavi l'acqua calda ma invece è arrivata fredda. In altre parole, la delusione è l'emozione che scaturisce quando le aspettative non vengono rispettate.

Alcune persone sono sempre pronte a restare deluse, a prescindere da quanto abbiano o di quanto godano. Tendono a stabilire delle aspettative irrealisticamente alte o a prevedere la loro delusione. Anche quando accade qualcosa di buono, dicono a se stesse che è stato solo un caso o un colpo di fortuna.

Esistono anche coloro che deludono spesso gli altri. Per quanto alcuni lo facciano con malignità, in molti lo fanno con delle buone intenzioni. Generano con regolarità delle piccole delusioni di modo che gli altri non abbiano elevate aspettative nei loro confronti. Per esempio, un partner potrebbe mostrare delle caratteristiche deludenti fin dal principio per prepararci al momento in cui arriveremo a toglierci il paraocchi, o un capo potrebbe sottolineare tutti i dettagli che per un cliente potrebbero risultare problematici anziché complimentarsi con un impiegato per aver portato a termine un grosso progetto. Queste persone seminano delusione qua e là per gestire le aspettative o mantenere un subordinato bramoso di approvazione.

Quando la delusione è ripetuta, si trasforma in tristezza. La delusione pianta radici nel cuore. Perciò, per evitare la tristezza, una persona riduce le proprie aspettative o evita di pensare al futuro. Un'elevata tristezza può portare alla depressione.

Si diventa letargici, si perde la motivazione e ci si sente prosciugati. Tuttavia, non molte persone si rendono conto o ammettono di sentirsi così. Questo potrebbe essere dovuto al fatto che i più temono di essere etichettati come *depressi*.

Disinteresse vs pessimismo

Provare disinteresse verso qualcuno può significare sottovalutarlo o trascurarlo. Sottovalutare implica sminuire e guardare qualcuno dall'alto in basso, il che è più un pensiero che un'emozione. Tuttavia, molte persone reagiscono in più modi quando si sentono sottovalutate. Di conseguenza, includere la sottovalutazione nella categoria delle emozioni può essere appropriato. Sentirsi ignorati evoca delle emozioni aggressive.

Il secondo tipo, la trascuratezza, ricade sotto l'indifferenza, che è un'emozione fredda.

Entrambe le emozioni sono dannose quando rivolte verso se stessi. L'autostima si riduce con facilità quando vieni sminuito o trascurato. È naturale che tu non possa rispettare te stesso se gli altri ti guardano dall'alto in basso o ti ignorano. Una prolungata trascuratezza di sé determina emozioni negative e pessimistiche verso tutto ciò che è collegato a te. Quindi, essere sminuito o trascurato ti mostra il mondo sotto una luce unicamente negativa.

Cinismo vs apatia

Nel mondo di oggi, il cinismo sembra essere sulla cresta dell'onda. Le persone ciniche spesso non mostrano alcuna espressione o sfoggiano un atteggiamento freddo che sembra dire: «E quindi?».

Ma il cinismo è un'emozione positiva o negativa?

Quando ho prestato servizio militare, ero più vecchio dei miei compagni. Ricordo le parole che disse un capo plotone durante l'addestramento: «Quando qualcosa ti infastidisce, ridici su e basta». Confuso da quella vita altamente strutturata, ho provato a seguire il suo consiglio. Ogni volta che mi arrabbiavo, ridevo. Che si trattasse delle grida del sergente istruttore, del lavare i piatti o della mancanza d'acqua durante la doccia, mi costringevo a sorridere. Era più che altro una smorfia, ma sorprendentemente aiutava a raffreddare le mie emozioni.

Con il tempo mi sono reso conto che quel sorriso forzato era una forma di cinismo. Freddo, eppure non apertamente aggressivo, il cinismo aiuta a gestire le emozioni senza aggredire nessuno. Tuttavia, un prolungato cinismo può portare all'apatia, che è la mancanza di gioia o tristezza. Le persone cinicamente fredde spesso sperimentano questo sentimento. Evitano lo stress ma al tempo stesso non riescono a provare felicità, cosa che porta a un'apatia totale. Al cervello piace concentrarsi, ma con le emozioni fredde il cuore perde il suo focus, il che conduce alla vacuità dell'apatia. Di conseguenza, le persone ciniche dovrebbero dedicarsi a passatempi o relazioni per impedire alla propria condizione emozionale di scendere al di sotto di un determinato livello.

Indifferenza vs letargia

L'indifferenza è la più intensa delle emozioni fredde. Perché un qualunque sentimento possa nascere, bisogna dirigere e concentrare l'attenzione su una persona o un oggetto. Quando sperimentiamo l'indifferenza, non riusciamo a offrire neppure il minimo accenno di interesse.

Un tempo le persone mi dicevano di farmi i fatti miei perché ero esageratamente sensibile e mi interessavo troppo degli altri. Eppure, alla fine ho imparato a usare l'indifferenza a mio vantaggio. Pur restando sensibile, riuscivo ad annullare la mia concentrazione, se necessario. Era liberatorio perché non mi preoccupavo più delle cose o delle persone che non mi piacevano. Come ci sono riuscito?

La chiave del cambiamento è sempre la volontà. Ho ammesso e ricordato ripetutamente a me stesso che *volevo* essere indifferente. Ribadivo con costanza al mio cervello che non volevo odiare o cercare vendetta bensì essere indifferente. Il cervello mi istruiva a distogliere lo sguardo e a mantenere le distanze. Quando non ci riuscivo, leggevo dei romanzi per immergermi in qualcos'altro. Questo è stato il mio metodo per coltivare l'indifferenza.

Molti vogliono allontanarsi dagli interessi indesiderati, ma hanno paura dell'indifferenza perché temono che possa condurre alla letargia o alla mancanza di volontà. Tuttavia, è come preoccuparsi dell'ipotermia quando si cura una febbre. Il nostro cervello ha un sistema di controllo automatico per mantenere l'equilibrio. Ci vorrebbe ben più di una temporanea infusione di indifferenza durante un momento di intensità emotiva per diventare letargici.

L'esercizio di oggi per una sana autostima: trovare azioni che controllano la temperatura emozionale

In questo capitolo, abbiamo classificato le emozioni in base alla temperatura. Gestire le emozioni in modo corretto significa conoscere le modalità appropriate per mescolarle tra loro. Quando ribolli di rabbia, hai bisogno di aggiungere delle emozioni *fredde*, e quando sei bloccato in uno stato letargico o cinico, hai bisogno di riscaldarti un po' con delle emozioni *calde*.

Per esempio, quando io leggo dei romanzi, scelgo delle opere che corrispondano al mio stato emotivo per mantenere l'equilibrio. I lavori di alcuni autori mi danno energia e vitalità, mentre altri mi aiutano a ritrovare la calma. Se nient'altro funziona, guardo la mia sitcom americana preferita, *Friends*, che non manca mai di sollevarmi l'umore.

Ciascuno di noi può fare delle azioni che incrementano o riducono la nostra temperatura emozionale. Incontrare degli amici, guardare la tv, fare dei giochi o andare a fare shopping: tutte queste attività sono connesse alla nostra temperatura emozionale. Una volta compreso che cosa ti riscalda e che cosa ti raffredda, può diventare molto più semplice gestire le tue emozioni.

Ecco alcuni esempi.

Azioni che riscaldano le mie emozioni: *guardare film e programmi tv, essere fisicamente attivo.*

Azioni che raffreddano le mie emozioni: *prendere respiri profondi, dormire, fare pilates, rievocare relazioni passate, pensare ai fallimenti pregressi.*

Conclusioni della quarta parte

CONTROLLARE L'ENERGIA EMOZIONALE

Molte persone credono che le proprie emozioni le definiscano. Tuttavia, tu non sei le tue emozioni. Le emozioni sono soltanto l'energia che puoi usare. Pensa alla vita come all'andare in bicicletta. Le emozioni che provi determinano la tua velocità. La rabbia e l'ansia ti fanno accelerare, mentre il cinismo ti fa rallentare. Eppure, il movimento di una bicicletta non riguarda soltanto la velocità. Anche la direzione in cui viaggi è importante, forse più di ogni altra cosa. Questa decisione viene presa dalla ragione. Potresti dover usare i freni per controllare l'andatura, ma non hai bisogno di preoccuparti troppo di quanto stai andando veloce. Sulle salite ripide il tuo ritmo diminuirà in maniera naturale, nei tratti in discesa potrai godere di più velocità. Le emozioni sono importanti, ma non sono tutto. Renderti conto di ciò che provi e reagire in modo appropriato è fondamentale.

Usa questa consapevolezza per muoverti nel tuo ambiente emozionale con efficacia, correggendo le tue azioni per mantenere l'equilibrio e il controllo sulla tua vita. In questo modo, puoi guidare il tuo viaggio sia con la ragione sia con l'intelligenza emozionale, assicurandoti un percorso più agevole e soddisfacente.

Riepilogo della lezione di autostima

- *Le emozioni appartengono alla sfera degli istinti, mentre l'espressione verbale appartiene alla sfera della ragione.*
- *Quando non riusciamo a regolare le nostre emozioni, il nostro senso di autocontrollo – che è una componente fondamentale dell'autostima – diminuisce.*
- *Reprimere le tue emozioni equivale a negare i tuoi istinti umani.*
- *Da una prospettiva* CBT, *il mondo è diviso in eventi, pensieri, emozioni e azioni (fisiche). Di conseguenza, può essere utile attribuire ogni elemento della tua vita a una di queste categorie.*
- *Tre emozioni difficili e ricorrenti sono: imbarazzo, desolazione e indecisione. Se fatichi a regolare le emozioni, è probabile che una di queste emozioni ti stia dominando.*
- *Il nostro cervello è naturalmente spinto alla ricerca di un oggetto di attenzione. Punta a rivolgere quella concentrazione verso l'interno, piuttosto che all'esterno.*

QUINTA PARTE

ABITUDINI DA PERDERE PER RIPRISTINARE L'AUTOSTIMA

1

SENTIRSI SCONFITTI IN PARTENZA

Un giorno stavo guardando una partita di calcio. All'inizio, la squadra coreana aveva avuto l'occasione di segnare un calcio di rigore, ma l'aveva sbagliato. Non era stato il nostro calciatore a muoversi in maniera sbagliata, ma il portiere avversario a compiere un eccellente salvataggio.

Le persone avevano quindi iniziato a diventare ansiose. Un amico che guardava la partita con me al pub disse: «Abbiamo perso. Perché prendersi il disturbo di continuare a guardare? Abbiamo già sbagliato un calcio di rigore, finiremo di sicuro per perdere!». E come previsto, poco dopo concedemmo il primo gol. La voce del mio amico salì di tono: «Abbiamo sbagliato il rigore, concesso il primo gol e adesso il nostro difensore principale è infortunato. È davvero finita. Perderemo 3-0 o 5-0». Dopodiché iniziò a bere con vigore.

Da quell'episodio, ho iniziato a notare che questo mio amico ha l'abitudine di reagire in maniera eccessiva alle situazioni negative. Tende a gonfiare le cose in modo sproporzionato, facendole sembrare peggio di quanto non siano. Era divertente avere a che fare con lui quando era agitato, eppure mi sentivo anche dispiaciuto per lui. Come mai? Perché, dopo che il mio amico si era dato per vinto e se n'era andato dal pub, la nostra squadra alla fine aveva ottenuto un punto di vantaggio. Insomma, aveva finito per perdersi quel momento esaltante.

COME EVITARE DI ESSERE DEVASTATI DALLA DELUSIONE

Ci sono momenti nella vita in cui ci sentiamo assolutamente a terra. Che si tratti di venire bocciati a un esame o della fine di una relazione, diciamo spesso di aver toccato il fondo. Per quanto è vero che la delusione può aiutarci a crescere, è come se si presentassero sempre troppe situazioni in cui ci sentiamo devastati.

La società moderna ci sottopone a molto più stress di quanto avveniva nelle ere precedenti. Nella nostra società informatica e industrializzata, subiamo moltissima pressione in più rispetto a quella che sperimentavano le persone delle società agricole. Sebbene le generazioni passate siano convinte che i giovani di oggi abbiano una forza di volontà debole, io non sono d'accordo. Più sviluppata è una società, maggiori saranno i fattori di stress avvertiti da chi ne fa parte.

Un chiaro esempio è la moltitudine di esami che dobbiamo superare. Esami di ammissione, domande di impiego, promozioni e qualifiche professionali. Per avviare un'impresa, hai bisogno dell'approvazione dell'autorità fiscale, dell'ufficio distrettuale, del dipartimento della salute e della banca. Siamo sotto costante scrutinio, e spesso ci ritroviamo di fronte alla prospettiva del fallimento.

Ritengo che la reale difficoltà derivi dalla nostra brama di affetto. Oggi è largamente accettato che l'amore genitoriale è fondamentale per lo sviluppo di un bambino. Questo ha portato molti adulti a ripensare alla propria infanzia e a sentire di non aver ricevuto sufficiente amore da parte dei propri genitori e, di conseguenza, a preoccuparsi di non fornire loro sufficienti attenzioni e supporto adesso.

Di conseguenza, molte persone temono di stare soffrendo di deprivazione emozionale e si auto-diagnosticano dei disturbi dell'attaccamento. Sono convinte che la mancanza di amore genitoriale abbia danneggiato la loro capacità di creare delle relazioni sane. Quando sorgono dei conflitti, potrebbero pensare: *Sono l'unico a reagire in questo modo* o *Tutte le mie relazioni sono condannate.*

L'abitudine allo sconforto riduce la nostra resistenza allo stress. Perdiamo sicurezza in noi stessi di fronte agli inevitabili momenti di tensione della vita, come le rotture o i grandi esami. Quando perdiamo la concentrazione e i nostri cuori iniziano a palpitare, potremmo pensare: *Sono instabile perché non sono stato amato.* Questa diminuzione della sicurezza in se stessi porta a credere di andare incontro a un inevitabile fallimento.

Spesso ci disperiamo per via dell'ansia riguardo a dei test o per delle relazioni. Tuttavia, alcune persone riescono ad affrontare con successo queste sfide nonostante i numerosi potenziali elementi scatenanti che possono condurre alla disperazione. I fattori di stress sono dappertutto, ma noi abbiamo la possibilità di non farci coinvolgere.

Il catalizzatore della disperazione: il catastrofismo

La società moderna è ricolma di input per condurci alla disperazione. Quando questi incontrano la *scintilla* del catastrofismo, disperazione e sconforto seguono a ruota.

Il catastrofismo è il pensiero che ogni speranza sia perduta. Un fattore scatenante minore può portare a pensieri di morte, bancarotta o altre tragedie, paralizzando il pensiero razionale. Per esempio, prima di un colloquio, la maggior parte di noi si sente nervosa. Potremmo pensare: *Sono un po' nervoso, dovrei prendere un respiro profondo.* Alcuni di noi potrebbero aver bisogno di camminare lungo il corridoio per calmarsi, altri potrebbero benissimo affrontare il colloquio senza dover fare alcunché.

Tuttavia, quando qualcuno catastrofizza, il problema si intensifica. Potrebbe pensare: *Mi batte forte il cuore, sono fregato.* Questo pensiero potrebbe degenerare in: *Mi paralizzerò durante il colloquio. Non riuscirò a dire una sola parola. Finirò per fallire.* E poi in: *Il mio partner mi lascerà perché sono un fallimento. Resterò solo e dopo che i miei genitori moriranno morirò da solo.*

I normali livelli di stress e ansia possono portare a una risposta catastrofica e condurre una persona prematuramente alla disperazione e alla resa. Potrebbe pensare che si sta disperando perché ha fallito, ma in realtà ha fallito perché si è disperata fino al punto di arrendersi.

AFFRONTA LA FINE DEL TUO CATASTROFISMO

Il catastrofismo è come un'allergia. Alcune persone non hanno alcuna reazione al polline, agli acari della polvere o alle noci, mentre altre si ritrovano con il naso che cola, l'orticaria o persino delle difficoltà respiratorie. Sapere cosa scatena le tue allergie ti permette di evitare le sostanze dannose per te o di assumere le medicine appropriate in tempo per non far degenerare i sintomi.

Allo stesso modo, per gestire le tue reazioni catastrofiche, devi comprendere quali sono le tue paure. Non è facile notarle nella vita di tutti i giorni, perciò spesso i terapeuti pongono la stessa domanda a ripetizione per arrivare alla radice del problema. Quando un paziente è ansioso riguardo a un potenziale esito, gli chiedono: «Che cosa pensi che succederà dopo?». Ripetendo questa domanda, lo aiutano a rivelare la sua paura principale.

Una volta, un uomo mi confidò di provare una soverchiante paura della morte. Un paio di ore prima aveva ricevuto una telefonata da un cliente che gli indicava un ritardo di pagamento. Non era una cosa insolita, e normalmente la liquidava con leggerezza. Ma in quella particolare giornata, era scattata la sua reazione catastrofica ed era giunto presto a uno stato di estrema ansia. Gli domandai: «Cosa pensi che succederà dopo?».

«Penso che non sarò in grado di pagare gli interessi» rispose.

«E poi cosa succederà?»

«Anche altri pagamenti subiranno ritardi, e io non sarò in grado di pagare gli interessi con regolarità.»

«E poi?»

«Andrò in bancarotta e i creditori mi daranno la caccia.»

«E dunque, cosa succederà dopo questo?»

«La mia famiglia sarà rovinata. Potrebbero incolpare tutti me.»

«E poi cosa pensi che succederà?»

«Uhm... penso che finirò per ritrovarmi solo.»

«E poi?»

«Probabilmente morirò da solo e infelice.»

Quando arrivammo a questo punto, il paziente si rilassò. Si era reso conto che la sua ansia non riguardava la situazione presente, bensì uno scenario distante e improbabile.

La maggior parte della nostra depressione deriva da pensieri simili. Il vero problema non è la situazione attuale, ma la paura che tutto possa precipitare verso una catastrofe. Una volta identificato ciò che ti preoccupa davvero, spesso scopri che il problema è gestibile. Trasformare un'ansia vaga e nebulosa in preoccupazioni specifiche e realistiche ti permette di trovare una soluzione al riguardo o di liberartene.

Le quattro paure principali: morte, bancarotta, separazione e perdita di attrattiva

In genere, le paure delle persone ricadono in quattro categorie. La prima è la paura della morte. Chi ha disturbi da panico o ipocondria spesso inizia a catastrofizzare quando sente il battito cardiaco accelerato o il fiato accorciarsi. Potrebbe essere bloccato nel traffico e sentire la paura di ritrovarsi da solo in un tunnel o su una montagna, perché il tunnel o la parete montana potrebbero crollare all'improvviso e lui morirebbe tra le macerie.

La seconda paura è la bancarotta. Non ottenere una promozione lavorativa può portare a pensare che non si raggiungerà mai. Un rimprovero da parte di un capo può convincere un dipendente che sarà ignorato per le promozioni o addirittura licenziato, e quest'ultimo arriverà a immaginarsi disoccupato e in bancarotta.

La terza paura è la separazione. Dopo una rottura o una discussione, ci si domanda se il conflitto sia stato causato dai propri difetti di personalità. Si può temere la fine della propria vita sociale e immaginare di trascorrere il resto della propria vita senza amici o partner.

Da ultimo, c'è la paura della perdita di attrattiva. Un unico capello grigio, un brufolo o una ruga possono scatenare la disperazione. La persona può iniziare a credere di aver perso la propria giovinezza e la propria bellezza, e cede allo sconforto.

Se in questo momento ti senti scoraggiato, domandati di che cosa hai davvero paura. Se sei abbattuto dopo una rottura, chiediti cosa pensi che accadrà in futuro. Se è una malattia a preoccuparti, interrogati su quali conseguenze temi.

L'esercizio di oggi per una sana autostima: dai un nome alla tua paura

Il primo passo per superare la paura è l'accettazione. Ammetti di soffrire per via della tua abitudine di disperarti in maniera prematura, poi accetta ciò che temi sul serio. Infine, prendi in considerazione quello di cui hai davvero paura.

Uno studente che sostiene di nuovo degli esami potrebbe temere di restare intrappolato in eterno in quel ciclo di esame e bocciatura. Come detto in precedenza, domanda a te stesso: *Che cosa penso che accadrà dopo?* Ripeti questa domanda. Verrai di nuovo bocciato il prossimo anno? E se i tuoi genitori fossero delusi? E se i tuoi amici ti abbandonassero? Continua a domandarti: *Che cosa accadrà dopo?*

Alla fine, identificherai la tua paura fondamentale. Dopodiché, dilla ad alta voce: «Ho paura di morire da solo/essere povero/perdere la mia bellezza/diventare vecchio».

Dando una definizione alla tua paura, a quel punto puoi elaborare una strategia per affrontarla. Potresti decidere di impegnarti a preservare il tuo aspetto, guadagnare più denaro o prenderti cura della tua salute. Se non vi sono soluzioni, almeno puoi accettare come ti senti e dire: «Non c'è nulla che possa fare al riguardo».

Per inciso, l'amico che si era disperato durante la partita di calcio aveva paura di restare deluso dopo aver avuto delle aspettative eccessive. Allontanava la speranza per evitare la delusione. Io, d'altro canto, preferisco aggrapparmi alla speranza, anche se questo significa ritrovarmi spesso ad affrontare la delusione.

2

LA LETARGIA

La letargia vanta diverse definizioni: pigrizia, mancanza di motivazione, mancanza di volontà, debolezza di spirito o mancanza di perseveranza. La letargia è una delle principali ragioni che portano all'autocritica, forse a causa dell'enfasi sulla diligenza e sul duro lavoro nelle culture agricole che ci portiamo ancora dietro. Persino nella società odierna, orientata alla tecnologia, alcuni vedono la letargia come un vizio.

Tuttavia, la letargia non è un problema semplice da affrontare. Vi sono numerose malattie che possono causare questo sintomo. Può derivare dalla depressione o dall'astinenza da una dipendenza. Anche una ridotta funzione ormonale può produrre una mancanza di motivazione. Di conseguenza, se la letargia persiste per più di due settimane, è fondamentale farsi vedere da un medico per un controllo. La letargia non dovrebbe semplicemente essere sopportata o criticata: potrebbe trattarsi del sintomo di una malattia fisica.

In questa sezione, ci concentreremo sulle cause non fisiche di letargia ed esploreremo in che modo gestirla dal punto di vista psicologico.

Motivarsi con le carote, riprendersi come un elastico di gomma

Due forze guidano gli esseri umani: la carota e il bastone. La motivazione deriva principalmente dalla carota. Sebbene per vivere basti evitare il bastone, questo approccio è troppo rigido. Sopportiamo le difficoltà della vita quotidiana grazie alla carota, orientandoci verso la ricompensa positiva che ci dà il sorriso e allevia le nostre fatiche. Per alcuni genitori, la carota è un bigliettino scritto a mano dal loro figlio che dice *Mamma e papà, vi voglio bene*. Per alcuni impiegati d'ufficio, la carota sono le fughe del fine settimana. Le ricompense positive sono come benzina. Ci danno nuova forza quando siamo stanchi e abbiamo poca motivazione. Studiare sodo e vedere i tuoi voti migliorare accende la speranza e l'energia per continuare a impegnarsi, soprattutto se qualcuno spende una parola di elogio.

Tuttavia, quando i risultati non sono buoni, ci sentiamo delusi e scoraggiati. Studiare sodo senza vedere un miglioramento nei voti, o ricevendo critiche anziché elogi, affossa il morale e ti spinge ad arrenderti. Se resti sveglio tutta la notte a preparare un progetto e non ricevi una parola di apprezzamento da parte del tuo capo, è demoralizzante. Se fai un regalo a tua suocera e non ottieni la reazione che speravi, è avvilente e pensi: *Perché mi sono anche solo preso il disturbo di farlo?* Le coppie che litigano per molto tempo spesso credono che non ci sia alcuna speranza di ripresa. Manca loro la motivazione di avviare una terapia di coppia, o se lo fanno spesso dicono: «A cosa serve? Abbiamo provato ogni cosa, e non è cambiato nulla».

C'è sempre speranza, all'inizio. Tutti quanti abbiamo un

certo grado di resistenza, possiamo tornare all'originario stato di motivazione, proprio come un elastico di gomma. Ma quando le delusioni si accumulano l'una dopo l'altra, a un certo punto, come un elastico di gomma troppo teso, quella resistenza si spezza e la possibilità di ripresa ci appare lontanissima.

Impotenza appresa

Poche persone diventano letargiche dopo un solo fallimento. Tutti abbiamo una minima capacità di persistenza e determinazione. Se falliamo più e più volte, però, o un fallimento importante ci segna nel profondo, la letargia può prendere piede.

Il fenomeno per cui ci si ritrova ad aspettarsi il fallimento come risultato di ripetuti risultati scoraggianti viene chiamato *impotenza appresa*. Pensiamo a uno studente che vuole ottenere buoni vuoti: studia per tutta la notte ma non supera il test, segue dei corsi online ma comunque viene bocciato, e anche con l'aiuto di un tutor fallisce di nuovo. Questo lo porta a pensare: *Non importa quanto mi impegni a provarci, fallirò.* È una sensazione che prende piede prima ancora di sostenere il test successivo.

Nello sport, alcune squadre sembrano perdere a ripetizione pur avendo dei giocatori capaci. Gli allenatori temono più di ogni altra cosa le sconfitte consecutive. Quando una squadra continua a fallire, tutti i suoi membri soccombono all'impotenza appresa. I giocatori iniziano a credere di far parte di una squadra miserabile, fatta di perdenti. Non si sentono motivati a dare il meglio perché sono convinti che perderanno comunque, addirittura diventano approssimativi durante gli allenamenti. Affrontano le partite sentendosi già sconfitti, incapaci di dare il meglio fisicamente, proprio a causa del loro stato mentale abbattuto, cosa che conduce ad altre sconfitte. Questo ciclo di perdita e impotenza appresa è difficile da spezzare.

Comprendendo queste dinamiche, però, possiamo analizzare cosa c'è alla radice della letargia e lavorare per spezzare il ciclo di impotenza appresa in cui siamo immersi. Il punto è ritrovare la motivazione e la resistenza.

Tre situazioni che possono causare letargia

Primo fattore di letargia: quando sei sopraffatto dalle ricompense negative

Le persone che perdono la motivazione e diventano letargiche non sempre hanno vissuto dei costanti fallimenti. Studenti che frequentano università prestigiose, giovani che ottengono impieghi in aziende di spicco dopo un'ardua competizione e competenti team leader aziendali possono perdere di colpo la sicurezza in se stessi. Un malato di lavoro può diventare letargico tanto quanto qualcuno che ha affrontato una vita intera di sconfitte.

La ragione principale spesso deriva dal tema delle ricompense. Le ricompense possono essere classificate come positive e negative. Quelle positive sono gli eventi piacevoli che ci motivano ad agire, come le promozioni, gli aumenti di stipendio, gli elogi e le attenzioni da parte degli altri. D'altro canto, le ricompense negative comprendono fallimenti, rifiuti, indifferenza e reazioni scoraggianti da parte delle persone che ci circondano. Non importa quante ricompense positive si ricevano, se quelle negative hanno un impatto emotivo più forte, si perde la motivazione. Ciò può capitare di più durante la mezza età, quando le persone iniziano a credere che la loro vita sia priva di senso e i loro risultati siano insignificanti.

Se una persona che stava prosperando perde la motivazione all'improvviso, è probabile che sia incappata in un'importante ricompensa negativa. Un esempio potrebbe essere una persona con un lavoro stabile, sostenuta dalla propria famiglia e convinta di stare conducendo una vita felice, che di colpo scopre di avere un grave problema di salute o una grande difficoltà in famiglia. Questa nuova situazione può portare a una completa perdita di motivazione e a un'improvvisa immersione nella letargia.

Secondo fattore di letargia: la sindrome da burnout

Un altro scenario comune riguarda le persone che sono del tutto prosciugate e perdono la loro motivazione generale, ricadendo nella *sindrome da burnout*. In questi casi, la letargia non è necessariamente connessa alle ricompense, positive o negative che siano. Di solito, dall'esterno potrebbe non sembrare esserci alcuna ragione per un esaurimento.

Il punto è che si tratta essenzialmente di un problema fisico. A prescindere da quante ricompense positive si ricevano dal punto di vista mentale, fare affidamento su questi premi e lavorare troppo può esaurire le energie fisiche dai tre ai sette anni. Si diventa così assorti dalla carota da non riuscire a rendersi conto di essere allo stremo delle forze.

In questi casi, una pausa di solito risolve il problema. Se possibile, prendersi un periodo sabbatico sarebbe l'ideale, ma se la cosa non è fattibile, è consigliabile fare una vacanza. Se anche questo non è possibile da organizzare, un fine settimana di riposo può essere fondamentale. Integrare con delle vitamine, assicurarsi di dormire abbastanza e mantenere una dieta bilanciata sono elementi essenziali per il recupero.

Se i burnout sono ricorrenti o hanno un grave impatto sulla tua vita, ci sono due cose che dovresti controllare. Innanzitutto, assicurati di essere in buona salute dal punto di vista fisico. Inoltre, controlla di non avere problemi di tiroide, che possono causare estreme fluttuazioni nella motivazione. Un semplice esame del sangue o un'ecografia in ospedale possono aiutarti a identificare il problema. In secondo luogo, assicurati di dormire a sufficienza. Anche la persona più motivata può soccombere al burnout dopo più di tre giorni senza riposo adeguato.

Terzo fattore di letargia: elevata ansia

Un altro fattore determinante è la salute mentale. Le persone tipicamente ansiose consumano in fretta le proprie energie. Immaginare sempre gli scenari peggiori e avere numerosi pensieri negativi prosciuga le forze mentali. L'ansia è più facile da sopportare quando si è giovani, ma il corpo non riesce più a tenere il passo con un'esposizione così prolungata allo stress quando ci avviciniamo alla mezza età. Rivolgiti a un terapeuta o assumi dei medicinali per correggere quanto prima queste abitudini dannose.

PRECONCETTI CHE RAFFORZANO LA LETARGIA

Quando le persone perdono la motivazione all'improvviso, cercano di trovare il motivo che si nasconde dietro la propria condizione. Si domandano: *Perché sono così? È un trauma infantile irrisolto? È perché non sto perseguendo i miei veri desideri? È un difetto di personalità? Mi mancano dei modelli di riferimento?*

Il cervello di una persona con ridotta motivazione è frenetico, soprattutto nell'emisfero destro, che si occupa delle domande profonde e fondamentali riguardo alle cause, i risultati e ciò che si cela sotto la superficie della nostra vita. Filosofi e astronomi che esplorano le origini dell'universo spesso hanno un emisfero destro molto sviluppato.

Tuttavia, questi schemi di profonda riflessione possono consolidarsi in preconcetti che rafforzano la letargia. Sebbene la profonda riflessione sia utile, diventa problematica se porta a un aumento della letargia. I preconcetti che aggravano la letargia sono vari, ma di certo la convinzione che si debba eliminare la causa della perdita di motivazione per proseguire oltre è il primo. La perdita di motivazione o letargia può essere paragonabile a un pallone da calcio che colpisce un ostacolo sulla strada. Sebbene rimuovere l'ostacolo sia necessario, non garantisce che la palla riprenderà a rotolare per conto proprio.

Pensare che si debba provare eccitazione per ritrovare la motivazione è un altro preconcetto. L'eccitazione di norma deriva dall'apprendere o fare qualcosa di nuovo, ma delle mansioni ripetitive, seppure non entusiasmanti all'inizio, possono diventare motivanti attraverso la padronanza e il conforto che apportano.

Un'altra idea errata è presumere che ci si possa muovere solo se motivati. Che si sia determinati o meno, si possono intraprendere delle azioni che a volte possono generare una vera motivazione. È come spingere un'auto perché si metta in moto: il movimento può portare ad altro movimento. Gli atleti, che prestano particolare attenzione alla letargia, spesso vedono degli slogan motivazionali in palestra o nei negozi di attrezzature sportive. Una volta ho visto lo slogan *Non piangere. Non lamentarti. Lavora e basta* in una palestra di boxe. La versione della Nike, per esempio, è: *Fallo e basta* (*Just Do It*). Insomma, la motivazione non è un prerequisito per l'azione.

Basta che ti muovi

Lo psichiatra francese Christophe André disse: «Non agire è tipico delle persone con una scarsa autostima. Pensano "Se solo questo o quello fosse diverso, agirei". Ciò consolida una tendenza negativa e rafforza la letargia con la convinzione che "è stato un bene non aver agito, tanto non sarebbe comunque servito"».

La passività, gli atteggiamenti negativi e la tendenza a eludere si rafforzano reciprocamente, creando un circolo vizioso. La relazione tra causa ed effetto non è lineare, bensì un cerchio distruttivo dove l'una alimenta l'altro. Questa tesi vanta notevole credibilità. In molti sono convinti di potere ricominciare da capo solo dopo che i loro atteggiamenti negativi e l'impulso evitante siano scomparsi. Pensano di dover correggere le esperienze passate per cambiare il presente.

Non c'è niente di male a non fare nulla. Non volere andare al lavoro in questo momento non è un problema. La mancanza di desiderio di guadagnare denaro va bene.

Il problema è che noi persone tendiamo a pensare troppo. Questo estenua il cervello, che a quel punto genera dei pensieri negativi. Per liberarsi dalla letargia, bisogna iniziare a muoversi. Non importa se tu non voglia farlo o se lo trovi noioso e insensato. Uscire per una breve passeggiata o anche solo fare del leggero stretching è fondamentale.

Se sei incerto riguardo a sposarti, inizia frequentando qualcuno. Se frequentare qualcuno sembra terrificante, vai a un appuntamento al buio. Se è troppo, guarda un film con un amico. Se esiti riguardo a iniziare una maratona, fai un giro dell'isolato. Prova a fare piccoli tentativi verso il tuo obiettivo, prima di decidere che fallirai.

Per ritrovare la motivazione, smetti di pensare e inizia a muoverti. All'inizio potrebbe non funzionare, ma provaci comunque. Volta la testa da una parte all'altra, scrolla le braccia e muoviti. Non aspettare che la motivazione compaia all'improvviso.

L'esercizio di oggi per una sana autostima: lo stretching

Gli umani dormono ogni giorno, e durante il riposo potrebbero entrare in uno stato di *desiderio di restare immobili.* Pensaci: se la motivazione scompare di notte, allora dovrebbe ricomparire al mattino.

Non c'è bisogno che cominci con delle attività fisiche estenuanti. Non devi mirare per forza a qualcosa di straordinario. Se vuoi modificare le abitudini letargiche, inizia cambiando la tua postura. Fa' ruotare il collo e siedi dritto. Ti sentirai meglio. Anche se non ritrovi subito la motivazione, non è un problema. Prova con della leggera attività fisica e cerca di farla con regolarità. Metti giù questo libro e vai subito a fare una breve passeggiata.

3

IL COMPLESSO DI INFERIORITÀ

Il termine *yeolpok* – slang coreano per dire *senso di inferiorità esplosivo* o *esplosione di furia* – spunta fuori di frequente online. Spesso viene usato in maniera derisoria quando qualcuno si fa prendere dall'emozione durante un disaccordo, come a dire: «Guardati, stai avendo uno *yeolpok*!».

TUTTI QUANTI HANNO UN COMPLESSO DI INFERIORITÀ

L'inferiorità è un'emozione esplosiva. Se vuoi provocare una persona, basta tirare in ballo qualcosa in cui è carente. Forse ciascuno di noi ha una bomba di inferiorità dentro il cuore. Un capo che si arrabbia per una battuta sciocca di un subordinato, una persona assolutamente desiderabile che ha paura di frequentare altre persone: molti covano sentimenti di inferiorità in modi che non potremmo nemmeno aspettarci. Persino chi ha successo dal punto di vista sociale ed è invidiato da tutti può soffrirne.

Ma avere un complesso di inferiorità non è una cosa negativa, di per sé. Può portarci a riconoscere le nostre mancanze e motivarci a migliorare. Tuttavia, quando siamo convinti di essere sostanzialmente inferiori, influisce in modo negativo sulla nostra autostima e sulla nostra felicità.

I problemi sorgono soprattutto quando vediamo noi stessi come inferiori agli altri senza un valido motivo. Per esempio, un tempo conoscevo una studentessa che temeva che le persone potessero prendersi gioco di lei per il fatto che era bassa. Al contrario, i suoi compagni la trovavano adorabile e affascinante. È davvero una sfortuna quando ci vergogniamo dei nostri punti di forza e tentiamo di nasconderli, scambiandoli per dei punti di debolezza.

I TRE PENSIERI CHE COSTITUISCONO UN COMPLESSO DI INFERIORITÀ

Di solito, un'emozione è collegata a un pensiero. Quando pensiamo che ci stanno sfruttando, avvertiamo un senso di ingiustizia. Quando pensiamo di essere stati imbrogliati, ci sentiamo traditi. Di contro, il senso di inferiorità è collegato a una combinazione di tre pensieri.

Il primo pensiero è la convinzione di avere delle mancanze. Tutti quanti hanno delle mancanze. Riconoscere le tue debolezze può portare a un senso di umiltà e alla pace dei sensi. Tuttavia, quando entrano in gioco le altre due convinzioni errate, subentra la sensazione di inferiorità.

La seconda convinzione errata è che tutti gli altri abbiano ciò che manca a te. Questo viene spesso chiamato senso di inadeguatezza. C'è differenza tra non avere qualcosa ed esserne il solo sprovvisto. Quando vieni attanagliato da questo pensiero, non riesci a vedere gli altri in modo obiettivo e ti senti ingiustamente svantaggiato sin dal principio.

La terza convinzione errata è che risulti leso in maniera significativa a causa delle tue mancanze. Questa sensazione è simile ad avere un complesso. Per esempio, qualcuno potrebbe attribuire la propria disoccupazione solo alle mancanze personali o alle sfide che ha affrontato nella vita, che si tratti di un'infanzia difficile, il divorzio dei genitori o una perenne discriminazione basata sul proprio aspetto. Questo pensiero può includere una componente di aggressività verso gli altri.

L'inferiorità è un'emozione complessa: un miscuglio di sensazioni di inadeguatezza, senso di ingiustizia e vittimismo. Questo mix è come un pallone gonfiato in maniera eccessiva e pronto a scoppiare da un momento all'altro.

Un tempo in vetta, adesso in difficoltà

I *terribili sei* sono il periodo in cui i bambini iniziano a sfidare i genitori con maggiore frequenza. Diventano determinati a fare tutto ciò che fanno gli adulti, spesso con un atteggiamento fortemente volitivo. Durante questa fase, i bambini sono armati di un senso di onnipotenza, che è il completo opposto dell'inferiorità. Il loro senso di competenza è ingigantito. Per quanto possa essere un periodo difficile per i genitori, è una fase del tutto normale nello sviluppo di un bambino.

Durante il *periodo di onnipotenza*, i bambini spesso si sentono al pari o addirittura superiori agli adulti, a volte si vedono persino come delle creature soprannaturali. Potrebbero indossare dei mantelli e fingere di essere Superman, vantarsi di essere il migliore cantante al mondo o insistere per essere la principessa in un gioco e pretendere che gli altri seguano le loro regole. È comune per i bambini di questa età litigare di frequente fra loro perché tutti vogliono essere dei leader.

I genitori si fanno spesso prendere dall'ansia, quando accade. Le sbruffonate del figlio possono in effetti diventare un problema e il bambino potrebbe affrontare delle importanti delusioni se messo a confronto con la realtà. I genitori potrebbero avvertire il bisogno di preparare il figlio all'asperità del mondo, per immunizzarlo contro future frustrazioni. Tuttavia, è importante stare attenti a non schiacciare con troppa brutalità il loro senso di onnipotenza, perché anche questo potrebbe lasciare una cicatrice duratura. Quando un bambino vive un'esperienza che rivela i suoi limiti, la delusione che ne consegue può radicarsi nel profondo. Se questa sensazione perdurasse nel tempo, il bambino potrebbe avere delle reazioni emotive intense ogni volta che si imbatte nei propri limiti nel corso della vita.

Il periodo di onnipotenza di norma coincide con quello in cui si formano i nostri primi ricordi. Il sapore del cibo mangiato e i momenti di gioia vissuti possono trasformarsi in ricordi preziosi. Di contro, se il nostro senso di onnipotenza viene schiacciato, potremmo ritrovarci con una ferita incancellabile. Il risentimento verso i genitori potrebbe persistere nel tempo, con pensieri come: *Persino un porcospino ama i suoi cuccioli. I miei genitori dovevano proprio essere così brutalmente onesti con me?* Questo può portare a sensazioni di inadeguatezza permanenti durante la crescita, in cui da adulti si può arrivare a pensare: *Sono davvero un buono a nulla. Se mostro un po' di sicurezza, finirò per essere emarginato per sempre*. Così facendo, ci si scoraggia da soli e si assume un ruolo secondario per il resto della vita.

UN COMPLESSO DI INFERIORITÀ PUÒ ALIMENTARE IL SUCCESSO?

Come già accennato, il complesso di inferiorità è un'emozione potente ed esplosiva che a volte può essere utilizzata come una risorsa per il successo. Per esempio, nei programmi di sfida alla perdita di peso, i coach possono motivare i partecipanti sottolineando le loro debolezze e spingendoli a cambiare il proprio aspetto e la propria personalità. Questo approccio potrebbe funzionare su alcuni partecipanti, ma potrebbe anche portare alla frustrazione di altri e condurli alla resa.

Questo metodo ricorda il severo stile pedagogico degli insegnanti della vecchia scuola o dei personal trainer di anni fa, che provocavano i loro sottoposti affinché apprendessero. L'insegnante motivava gli studenti rimproverandoli: «I tuoi genitori non sono ricchi e tu non sei di bell'aspetto. Se non studi sodo e non entri in una buona scuola, non avrai nulla!». I film sulle arti marziali spesso ritraggono dei *sensei* che ignorano gli allievi che non hanno talento, li affamano, sfruttano il loro lavoro fisico e li portano a bramare la loro attenzione con tanta intensità da dedicare tutte le proprie forze all'allenamento. Nei giorni in cui gli stili pedagogici patriarcali e tirannici erano considerati legittimi, gli insegnanti che assumevano un ruolo abusivo erano rispettati. Gli studenti temevano e detestavano il professore mentre erano a scuola, ma in seguito, dopo aver ottenuto successo, ripensando al periodo scolastico erano grati al loro insegnante.

Sebbene un tempo simili tecniche fossero celebrate, oggi sono viste come rischiose. Adesso l'incoraggiamento e il supporto sono considerati più importanti. Scatenare il complesso di inferiorità di uno studente può portare a un'esplosione interna anziché alimentarne il successo. Non importa quanto sia intimidatorio l'insegnante, uno studente potrebbe semplicemente dire: «E allora, se anche fossi un perdente? Lasciami in pace!».

Coloro che soffrono di una scarsa autostima a volte cercano persone che possano usare *il pugno di ferro* con loro, perché convinti di essere deboli e bisognosi di una guida forte. In terapia, chi ne soffre potrebbe dirmi: «Mi dica soltanto cosa fare. Non faccia domande, si limiti a darmi delle istruzioni da seguire». Questo approccio potrebbe aiutare a ottenere risultati a breve termine, certo, ma danneggia l'autostima, facendo sì che il complesso di inferiorità riaffiori non appena ci si sente poco rispettati. Felicità e autostima non possono prosperare in una costante sensazione di inadeguatezza.

Il complesso di inferiorità delle persone di successo

Persino tra coloro che vengono considerati *di successo*, vi sono delle persone che faticano a liberarsi del proprio complesso di inferiorità. Nonostante ricevano elogi e ammirazione, spesso liquidano il tutto come mera cortesia o lusinghe.

Queste persone in genere non avvertono il bisogno di lasciarsi alle spalle il proprio senso di inferiorità, perché lo equiparano all'umiltà. Ritengono che liberarsi di quel senso di inferiorità li renderebbe arroganti e farebbe di loro persone sgradevoli. Per quanto si rendano conto di essere vulnerabili su quel fronte, temono che verrebbero detestati e ostracizzati se si liberassero del senso di inferiorità e diventassero sicuri di sé.

Quando il complesso di inferiorità di una persona la motiva a raggiungere i suoi obiettivi, questa trova difficile lasciarlo andare. Si aggrappa ad aspetti all'apparenza insignificanti del proprio passato – per esempio il proprio trascorso familiare tutt'altro che ideale, un'infanzia in povertà o la mancanza di affetto – come se queste esperienze la definissero per sempre. Il suo complesso di inferiorità è stato al tempo stesso una forza motrice e una frusta che l'ha spinta a sudare o a lavorare sodo per sfuggire alle difficoltà. Sebbene abbia una vita agiata e soddisfacente, la persona con il complesso fatica a liberarsi dell'abitudine di sminuire se stessa.

Anche chi soffre delle tipologie ambigue di complesso di inferiorità trova difficoltà nel liberarsene. Tali individui fanno pressione su loro stessi con pensieri come: *Non ho mai provato il vero amore, non sono particolarmente bravo in nulla e non ho la stabilità che hanno gli altri* o *Ho una bassa autostima*. Sono convinti che manchino loro cose che spesso neppure la maggior parte delle altre persone possiede. Concetti come il vero amore, essere eccezionalmente bravi in qualcosa, avere la stabilità che hanno gli altri o l'autostima sono spesso vaghi e soggettivi. Mancano di una chiara definizione, che rende difficile dire se o quando sono ottenuti o meno.

Perciò, se credi di avere una mancanza, devi esaminare con attenzione il suo significato. Riflettere su ciò che con esattezza pensi ti manchi e se sia o meno una sincera carenza. Considera ciò che guadagni nell'aggrapparti al tuo complesso di inferiorità. C'è una ragione per ogni abitudine che hai sviluppato, e se non sei stato in grado di liberarti del tuo complesso di inferiorità finora devi comprendere cosa questo significhi per te e quanto influisce nella tua vita.

Liberarsi del proprio senso di inferiorità

L'inferiorità è un'emozione calda, un misto di inadeguatezza, disprezzo di sé, vergogna e vittimismo che ci tormenta. Ci fa battere forte il cuore e avvampare in viso, agitando sia la mente sia il corpo.

Dai vent'anni sino all'inizio dei trenta, è difficile distinguere le sensazioni di inferiorità dalla passione, che a sua volta può essere una fonte di energia. Molte persone lavorano duramente per superare il proprio senso di inadeguatezza e raggiungere il successo, professionale o personale che sia. Alcuni studiano sodo per lasciarsi alle spalle un grosso difetto, mentre altri si sforzano di sviluppare un fascino sufficiente per compensare le proprie debolezze.

Tuttavia, quando arrivi a un'età più matura, devi liberarti del tuo complesso di inferiorità. Portarti dietro sensazioni di disprezzo verso te stesso e di vittimismo lascerà il segno, soprattutto sulla tua salute. Via via che invecchiamo, i nostri cuori e i nostri polmoni non sono più in grado di sopportare emozioni così intense. È fisicamente gravoso essere sempre cosciente delle opinioni altrui e preoccuparsi di non esserne all'altezza. Coloro che soffrono di un complesso di inferiorità iniziano a cercare aiuto medico dopo i trent'anni, quando i loro corpi non riescono più a sopportare quell'emozione *calda*, generando sintomi di palpitazioni cardiache e insonnia.

Alcune persone si sfogano con l'alcol per alleviare il dolore causato dal proprio complesso di inferiorità. Questo tentativo di allentare la tensione si trasforma in una dipendenza, che danneggia il cuore e il fegato. Chi frequenta dei centri di riabilitazione spesso fatica a concentrarsi durante le sedute di terapia e si rende conto di avere un ulteriore complesso di inferiorità, legato alla propria incapacità di controllare l'alcolismo.

Il pensiero antico può offrire un rimedio moderno

La convinzione di essere inferiore deriva da una visione del mondo che divide le cose tra superiori e inferiori. Coloro che si sentono insicuri del proprio percorso formativo spesso giudicano gli altri in base a esso. Quelli che si sentono inferiori per il fatto di essere poveri, dividono il mondo tra chi ha e chi non ha. Questa mentalità è in parte influenzata dalle situazioni sociali, non è colpa dei soggetti specifici.

Per estirpare alla radice il tuo complesso di inferiorità, devi perdere l'abitudine di classificare cose e persone in superiori o inferiori, buone o cattive. La filosofia di Laozi e quella di Zhuangzi enfatizzano questo.[1] Sottolineano la futi-

1 Laozi (nato nel VI secolo a.C.) e Zhuangzi (nato nel IV secolo a.C.) furono illustri filosofi cinesi fondamentali per lo sviluppo del Daoismo, o Taoismo, che enfatizza l'unione con la natura e la ricerca della semplicità. Entrambi esplorarono le proprie idee attraverso il rifiuto delle dicotomie, accogliendo le contraddizioni intenzionali ed esplorando le falsità del pensiero binario.

lità nel valutare il mondo in base all'utilità o al valore percepito. In una delle storie di Zhuangzi, un albero inutile cresce indisturbato perché nessuno lo taglia, mentre gli alberi utili vengono abbattuti con rapidità. L'albero inutile, che non si vanta di ciò, sopravvive e diventa il guardiano di una comunità e offre agli abitanti del villaggio la propria ombra sotto la quale riposare.

Ammiro la visione del mondo di Laozi e Zhuangzi. Via via che il sentimento generale nella società diventa sempre più turbolento e la polarizzazione si acuisce, in molti trovano consolazione nei loro insegnamenti, pensando: *A cosa servono benessere e successo?* Tenere la mente aperta e interrogarsi sul sistema di valori che ci circonda può essere un buon modo di placare un complesso di inferiorità. Se hai difficoltà nel controllare la collera a causa del tuo senso di inferiorità, o se hai un complesso che desideri superare, prova a leggere Zhuangzi. Il modo di pensare che ti trasmetterà può essere un meccanismo di difesa chiaro e semplice.

L'esercizio di oggi per una sana autostima: adottare l'atteggiamento "così è la vita"

Un grave complesso di inferiorità può accelerare la tua frequenza cardiaca e causarti l'affanno, quindi condurre a un eccesso di ossigeno nel sangue. Contrariamente alle credenze popolari, non è una cosa favorevole e può comportare intorpidimento e rigidità negli arti, progredendo persino verso la sindrome da iperventilazione e lo svenimento.

Liberarti del tuo complesso di inferiorità e ritrovare la compostezza ha come risultato la condizione fisica opposta: decelera la frequenza cardiaca e il ritmo respiratorio, aumentando la concentrazione di diossido di carbonio nel sangue e provocando uno stato di rilassatezza. Sebbene non possiamo controllare la nostra frequenza cardiaca, possiamo regolare fino a un certo livello la nostra respirazione. Respiri lenti e profondi, in particolare delle lunghe espirazioni, aiutano a raggiungere uno stato di calma. Basterà imitare lo stato psicologico di coloro che si sono liberati del proprio complesso di inferiorità.

La tecnica di respirazione è semplice. Conta fino a tre mentre inspiri e fino a sette mentre espiri. Ripeti questo ciclo. Mentre espiri, ripeti nella tua mente: *Così è la vita.* Prendere meno sul serio il mondo può aiutare a raffreddare il tuo complesso di inferiorità. Con il tempo, ti renderai conto che non c'è nulla di eccezionalmente buono o cattivo intorno a noi. Esiste solo il piacere di prendere dei respiri profondi. Così è la vita. Prendila meno sul serio.

4

PROCRASTINAZIONE ED ELUSIONE

Molte persone hanno dei pregiudizi riguardo al dolore emotivo, per questa ragione vi rispondono in maniera diversa rispetto a come fanno con il dolore fisico. In passato, persino le malattie fisiche erano spesso imputate a una mancanza di forza mentale, ma questo atteggiamento è ampiamente scomparso nel tempo. Tuttavia, quando si tratta di dolore emotivo, in molti pensano ancora che sia il risultato di una mancanza di volontà o di un difetto di personalità. Gli adulti spesso criticano o incolpano i giovani che soffrono emotivamente, dicendo cose come «Sei stato viziato dai tuoi genitori» o «Perché hai difficoltà con qualcosa di così insignificante?».

Ne risulta che, anche quando cercano una cura, le persone esitano a condividere quanto stiano soffrendo, cosa stia causando il loro dolore e quanto siano angosciate. Per esempio, una moglie tradita dal marito potrebbe sentirsi incapace di esprimere il proprio tormento emotivo anche se lei non ha fatto nulla di male.

I GIOVANI CHE NON RIESCONO A DIRE CHE STANNO SOFFRENDO

I giovani adulti non sono diversi. Evitano di parlare di quanto si sentano soli o esausti e preferiscono accampare delle scuse. Di fronte a un medico, non sono sottoposti a un giudizio o una critica, ma loro sentono comunque il bisogno di giustificarsi. Dicono cose come «Di solito sono molto determinato e positivo» o «Ho cercato tantissimo di restare ottimista. Ho anche accolto la fede e sto leggendo un sacco di libri». E poi chiedono: «Per quale motivo ho ancora una bassa autostima? È per il modo in cui mi hanno allevato i miei genitori? Ma questo non può essere sistemato qui, vero?».

La cosa triste è che la loro eccessiva concentrazione sulla causa prosciuga l'energia di cui hanno bisogno per risolvere il problema. Non prestano attenzione a quali emozioni stanno provando o da quanto tempo hanno l'insonnia, per dirne un paio. Non riescono a identificare e affrontare ciò che li sta facendo soffrire e si impantanano nel ricercarne la causa.

Molti individui temono di entrare nella fase di cambiamento perché non vogliono ammettere di essere emotivamente feriti. Sentono che dichiararlo significherebbe ammettere la sconfitta e porsi loro stessi di fronte alle critiche, perciò distolgono il problema principale sollevando domande e preoccupazioni irrilevanti nelle sedute di terapia. Questa resistenza al cambiamento li porta a ritardare le risoluzioni, a girare intorno ai veri problemi e a non riuscire a intraprendere il cammino per la guarigione e la trasformazione.

Tre schemi di elusione

Le persone non pensano in modo cosciente: *Eviterò di risolvere i miei problemi perché ho paura delle critiche.* Ancor prima che simili preoccupazioni possano anche solo sorgere, si concentrano su altri compiti. Chi evita il confronto con il proprio dolore emotivo spesso compie tre attività comuni.

Osservare gli altri

Durante la terapia, anche solo sentire la frase «Non sei il solo, anche gli altri provano questo» può alleviare la sofferenza del paziente. Coloro che vivono delle crisi emozionali sperano di non essere gli unici a sperimentare il loro problema. Necessitano della conferma che anche gli altri stiano affrontando simili difficoltà e che il loro turbamento non sia dovuto a una mancanza di forza di volontà o a dei difetti personali. Tuttavia, questa abitudine può consolidarsi e portarli a osservare costantemente gli altri. Esaminano cosa fanno i colleghi sul lavoro, trascorrono il tempo a casa a controllare i social media per vedere come vivono gli altri, e anche quando cercano aiuto, danno priorità alla domanda *Anche gli altri sono in difficoltà come me?* rispetto all'esprimere i propri sentimenti e desideri nella terapia.

Indagare la causa

Accettare il proprio dolore emotivo non sempre porta ad alleviarlo, perché ci si può fare ossessionare dalla necessità di identificare la causa del dolore. Le persone rimuginano a lungo. Si chiedono se si ritrovano così a causa di una pessima scelta che hanno compiuto, un trauma infantile o un rapporto disfunzionale con i genitori. Di norma, chi affronta questa situazione ha letto diversi libri di psicologia prima di cercare aiuto. Il problema è che la risposta comune a questo dolore è *nel passato*, che non può essere cambiato. I rapporti con i genitori, le ferite dell'infanzia, i comportamenti pregressi e i tratti ereditari possono venire identificati, ma sono inalterabili.

Identificare la causa è il principio per la risoluzione dei problemi psicologici, non il fine ultimo. Sforzarsi di avere una perfetta comprensione è futile; al contrario, l'energia dovrebbe venire conservata per affrontare il presente e pianificare le azioni future. In ultima istanza, non vi sono cause definitive e fondamentali. Comprendere la vera motivazione a volte può aiutare a guarire il dolore e a prevenire problemi futuri, ma fissarsi soltanto sulla causa ostacola i progressi verso la risoluzione.

Lamentarsi e imputare colpe

Lamentarsi e imputare colpe non porta a niente. Sfogarsi con gli amici potrebbe offrire un temporaneo sollievo emotivo, ma non spinge a cambiare alcunché. È un atteggiamento molto dannoso quando è rivolto verso la famiglia, perché carica di stress il rapporto e peggiora il turbamento emotivo di tutti.

Quando riusciamo a smettere di incolpare e denunciare gli altri, la colpa spesso viene rivolta all'interno. Se incolpiamo in maniera ossessiva noi stessi o gli altri, il tempo trascorso a farlo ci allontana dal trovare delle soluzioni efficaci.

Quattro prerequisiti per la risoluzione dei problemi

Per guarire un cuore ferito e mettere un freno alle cattive abitudini, devi accogliere il cambiamento. Se vuoi ritrovare la tua autostima, concentra le energie sul trasformare il tuo futuro anziché analizzare il tuo passato. Abbandona l'abitudine di evitare o ritardare il cambiamento, e stabilisci nuovi obiettivi. Ecco i quattro prerequisiti per avviare questo processo.

Da' la priorità al tuo cuore

L'agente del cambiamento, così come l'obiettivo del cambiamento, sei tu. Trascorriamo fin troppo tempo nella tristezza, paragonando noi stessi agli altri, contestando o incolpandoci da soli. Inizia ad avere cura del tuo cuore. Identifica ciò che ti fa più soffrire e pensa a come guarire. Esperienze come il bullismo a scuola, le critiche e la violenza a casa, o le molestie sul posto di lavoro, sono tutte profondamente dolorose. Dedicati alla trasformazione e guarigione del tuo cuore. Rifletti sul tuo attuale stato emotivo e immagina come vorresti cambiarlo.

Agisci

Siamo sulla strada per la costruzione di una sana autostima. L'obiettivo fondamentale di questo libro è guarire e ripristinare l'autostima. Questo processo non sempre si verifica soltanto nella mente. Limitarsi a pensarci non cambierà alcunché. Devi leggere libri, scrivere, parlare, disegnare o fare esercizio, se necessario. Il cambiamento parte dall'azione.

Persevera

Il prossimo capitolo suggerirà delle azioni per ripristinare l'autostima. Mentre le svolgerai, potresti trovarle poco interessanti o sentire delle emozioni negative che si insinuano dentro di te. Potrebbero sopravvenirti pensieri come *A cosa serve?* o *Davvero aiuterà la mia autostima?* o *Ci ho già provato prima*. Ciò nonostante, persevera. Il viaggio per rivitalizzare l'autostima è come seguire un percorso di dieta. All'inizio perdi peso velocemente, poi rallenti. Spesso le persone si scoraggiano e perdono la motivazione proprio a quel punto, perché dubitano di vedere nuovi progressi. È del tutto naturale. Ogni cosa è eccitante e piacevole all'inizio, ma diventa sempre meno interessante con il tempo, che si tratti di imparare a cucinare o a dipingere sul legno. Bisogna oltrepassare la soglia dello sforzo per passare da principiante a veterano.

Nel tuo viaggio per ritrovare l'autostima, ti imbatterai in questa fase di stallo. E quando accadrà, non fermarti e non prenderti una pausa: prosegui con gli esercizi. Sarà proprio la fase in cui inizierai a rafforzare la tua autostima. E vedrai che, con una pratica continua, riuscirai a gestire meglio le tue emozioni.

Collabora, non lavorare da solo

Ricostruire la tua autostima non deve per forza essere noioso e tedioso. Non renderti infelice. Per superare gli ostacoli e persistere, può essere utile accompagnarsi ad altri e non sforzarsi da soli.

Ricostruire l'autostima è simile all'allenamento fisico. Una delle cose più difficili al mondo, ritengo, è trovare la motivazione per allenarsi con regolarità in palestra. In passato, le persone andavano in palestra e lavoravano da sole. Oggi molte persone si allenano con dei personal trainer o partecipano ad allenamenti di gruppo, perché offrono maggiore divertimento e motivazione rispetto all'esercizio in solitaria.

Lo stesso vale per l'allenamento alla salute mentale. Farlo insieme è più efficiente, in particolare con un aiuto professionale anziché con altre persone comuni. Se lavorare con gli altri è difficile, usa strumenti come un diario, un blog o un taccuino. Inoltre, non lasciare che i tuoi sforzi quotidiani passino inosservati: registra ciò che hai fatto e come lo hai fatto per valutarti in seguito.

L'esercizio di oggi per una sana autostima: stabilisci uno specifico modello di riferimento

Decidi che tipo di persona vuoi diventare risolvendo i tuoi attuali problemi. Stabilire degli obiettivi è diverso dal lamentarsi o dall'autocritica. È come se disegnassi il progetto di una casa: non significa rendersi conto di quanto angusta e scomoda sia la tua attuale casa, ma di pianificare i dettagli del posto in cui vuoi vivere, considerare lo spazio che hai a disposizione. Allo stesso modo, quando stabilisci degli obiettivi, definisci con chiarezza la persona che vuoi essere, le principali emozioni che vuoi provare e quali azioni compiere.

Per stabilire i tuoi obiettivi con chiarezza, prova a seguire questi tre passi.

Primo passo: elenca ciò che non ti soddisfa di te stesso.

Detesto le critiche del mio capo. Questa è un'insoddisfazione verso altri, non verso te stesso.

Odio perdere il sonno per quanto detesto il mio capo.

Secondo passo: descrivi chi e come vorresti essere.

Voglio cancellare i ricordi della mia infanzia. Il passato non si può cambiare, allo stesso modo i ricordi non si possono cancellare.

Mi pento di aver scelto questo lavoro. Questo riguarda il passato e l'autocritica. È più adatto al primo passo.

Voglio concentrarmi su me stesso dopo il lavoro e smetterla di preoccuparmi di quanto detesto il mio capo. Questo riflette un'attuale insoddisfazione, ma stabilisce uno specifico obiettivo per il futuro.

Terzo passo: descrivi come la persona del secondo passo si comporterebbe nella situazione del primo passo.

Voglio essere come quel mio collega che resta impassibile di fronte alle critiche del capo. Quando esce dall'ufficio non pensa al lavoro e si dedica con passione ai suoi hobby.

Una volta stabilito un obiettivo concreto, procedi al passo successivo, che è agire. Se vuoi essere come il tuo collega che si scrolla subito di dosso le critiche, agisci e fai come fa lui.

5

L' IPERSENSIBILITÀ

Le nostre menti sono come la nostra pelle. Dal punto di vista biologico, i tessuti cerebrali e l'epidermide traggono origine dallo stesso strato di ectoderma. Il processo di guarigione è parecchio simile per entrambi. Immagina di punzecchiare di continuo un punto sulla tua pelle con un oggetto contundente. Si infiammerà e si gonfierà, e dopo un po' anche il minimo tocco causerebbe dolore e disagio.

La mente reagisce in modo simile. Quando sperimentiamo dello stress, diveniamo sensibili. Per esempio, i bambini che crescono con un padre alcolizzato e violento potrebbero sviluppare un'intensa avversione verso gli uomini di mezza età che bevono. L'ipersensibilità è la prima reazione degna di nota causata dalle ferite emozionali o dall'ansia. A prescindere dalla causa, una prolungata sensibilità può avere un impatto negativo sul modo in cui ci relazioniamo con gli altri.

CONNESSIONI DIFETTOSE

Tutti noi affrontiamo degli eventi sfortunati nella vita: veniamo feriti, traditi, perdiamo qualcosa di valore o semplicemente ci facciamo deludere. Le persone con una sana autostima riescono a essere più resilienti. E non permettono agli eventi avversi di intaccarla. Laddove inevitabilmente le esperienze difficili hanno un impatto, queste persone non lasciano che tali vissuti rimodellino la loro vita. È come avere una solida difesa contro le esperienze che ci scuotono. La resilienza agisce in modo simile agli anticorpi che combattono i virus.

Le persone con una scarsa autostima, invece, spesso collegano molte cose a loro stesse. Possiedono uno schema cognitivo che unisce i brutti eventi della vita a loro stessi, il che genera sensazioni di colpevolezza. Si incolpano per la sfortuna di coloro che li circondano. I genitori di bambini malati spesso soffrono di depressione perché sopraffatti dalla colpevolizzazione di se stessi. I figli di matrimoni turbolenti sperimentano diversi problemi psicologici derivanti dall'infondato senso di colpa perché si considerano i responsabili delle liti dei genitori.

Dunque, il problema parte da queste connessioni. Ci si ritrova a colpevolizzare se stessi quando si individua dentro di sé la causa dei problemi degli altri. La rabbia esplode se incolpiamo gli altri per i nostri problemi. Quando prendiamo tutto sul personale, si pianta in noi il seme dell'ipersensibilità e danneggiamo la nostra autostima.

Stanno parlando di me?

La convinzione che avvenimenti irrilevanti siano collegati a te si chiama *idea di riferimento.* Questo schema innesca diverse reazioni che si intrecciano con i pensieri e complicano ancora di più le emozioni. I pensieri aumentano, le emozioni fanno lo stesso e il tutto conduce a una pronunciata sensibilità.

Come già accennato, la sensibilità della mente rispecchia la sensibilità della pelle. La pelle ferita diventa ipersensibile, avverte dolore anche con stimoli che in precedenza passavano inosservati. Allo stesso modo, quando siamo emozionalmente sensibili, reagiamo con forza a eventi minori. Per questa ragione, commenti o specifiche espressioni da parte degli altri ci restano dentro più a lungo e possono turbarci.

Le persone con una sana autostima non si preoccupano di questioni che per loro sono irrilevanti. Quelle con una scarsa autostima e un'elevata sensibilità, tuttavia, si aggrappano e rimuginano su informazioni superflue. Scavano dentro al loro significato e alle motivazioni implicite, ponderando sul modo in cui possano collegarsi a loro.

Per esempio, in un evento sociale, qualcuno potrebbe vantarsi di aver acquistato un terreno in campagna e di aver fatto fortuna riqualificandolo. Una persona con una sana autostima potrebbe esprimere in modo naturale della tenue invidia, ma senza soffermarcisi troppo. Viceversa, qualcuno con una bassa autostima potrebbe pensare: *Ha detto questo per fare un dispetto a me, sapendo che ho dei problemi finanziari?* E poi continuerebbe a rimuginare su questo incidente per giorni.

Quando abbiamo delle difficoltà emozionali, tendiamo a

fermare il pensiero su piccole cose e a trasformare le minuscole collinette altrui in enormi montagne personali.

L'IDEA DI RIFERIMENTO DIVENTA UN'IDEA PERSECUTORIA

Sebbene non sia grave come le illusioni, l'idea di riferimento può tormentare chi ha una mente fragile a causa della sua natura persistente. Deriva da una mancanza di fiducia in se stessi, che porta a dubitare delle proprie capacità di difesa. Questa paura di non riprendersi da battute di arresto emozionali genera costante preoccupazione.

Chi resta intrappolato in un'idea di riferimento spesso pondera su come apparire più sicuro di sé, palesando così la propria mancanza di autostima. Diventa iper-consapevole dei commenti discreti e delle osservazioni nelle interazioni sociali. La sua concentrazione sui commenti degli altri potrebbe dare l'impressione che abbia una buona memoria, perché indugia su questioni minori anche molto dopo che gli altri sono già passati oltre. Potrebbe telefonare a qualcuno per confrontarsi con lui su un commento fatto di sfuggita mesi prima: «Perché hai detto quella cosa su di me di fronte a tutti?».

Quando l'idea di riferimento si intensifica nella propria mente, si trasforma in una *idea persecutoria*, comunemente nota come *paranoia*. Questa condizione estenua chiunque sia coinvolto, perché chi ne soffre si preoccupa in modo costante di subire un torto o di essere escluso.

Lascia le emozioni altrui agli altri

Per superare l'ipersensibilità, inizia facendo una distinzione tra te stesso e gli altri. La definizione di *altri* è ampia. Tutti quanti non siano te ricadono nella categoria degli *altri*: la tua famiglia, gli amici e i colleghi.

Tra genitori e figli sorgono frequenti conflitti quando una distinzione di questo tipo viene dimenticata. Dal momento che i genitori danno la vita ai propri figli e li allevano, spesso li confondono per delle estensioni di loro stessi, cosa che li porta a intromettersi e assillarli. Allo stesso modo, i figli danno per scontato che i genitori li sosterranno sempre e faranno dei sacrifici per loro. Le madri dovrebbero essere devote verso di loro, i padri dovrebbero fidarsi senza indugio. Tuttavia, anche i genitori sono umani. Sono persone che hanno vissuto delle difficoltà nella vita e che divengono più vulnerabili a mano a mano che invecchiano.

Quando i figli maturano, non vedono più i propri genitori soltanto come *mia mamma e mio papà*. Un figlio maturo si rende conto che i propri genitori stanno invecchiando. Ammette che si stanno trasformando in persone anziane, con una salute in declino e una memoria in via di peggioramento, che il loro umore si fa sempre più triste e il temperamento più sospettoso. I figli vedono i loro genitori come individui con emozioni e bisogni, proprio come chiunque altro.

Per il bene della nostra stessa felicità, dobbiamo coltivare l'abitudine di lasciare agli altri le proprie preoccupazioni. È impossibile essere felici se si rimugina su ciò che gli altri hanno detto o fatto, e se ci si sente vittime delle loro azioni.

Ovvio, questo non significa che dovremmo essere indifferenti a ogni cosa. La cooperazione è necessaria nel mondo, ed è fondamentale offrire attenzioni e affetto alle persone che amiamo. Tuttavia, è essenziale lasciare che ognuno faccia conti con le proprie emozioni. Ciascuno di noi ha i propri *triggers* (fattori scatenanti) e le proprie risposte emotive, motivo per il quale la gente può ridere o piangere in punti diversi dello stesso film. Di conseguenza, è improduttivo domandare a qualcuno: «Perché sei turbato per una cosa del genere?». Le sue emozioni sono soltanto sue, non possiamo né dovremmo cercare di cambiarle, perché non sono causate da noi e non sono una nostra responsabilità.

Se vuoi aiutare qualcuno, fallo. Ma non cercare di cambiare le sue emozioni o di farle tue. Se qualcuno è arrabbiato o sospettoso, sono fatti suoi. Non devi arrabbiarti insieme a lui, né dovresti lasciare che la sua risposta emotiva influenzi la tua. Le sue emozioni sono sue.

L'esercizio di oggi per una sana autostima: dei mantra per ridurre l'ipersensibilità

Se ci pensi bene, non vi sono molte cose al mondo per cui valga la pena combattere con tutto te stesso. La maggior parte delle discussioni si scatena su questioni banali, come essere andato a sbattere contro qualcuno o non essersi rivolto in modo rispettoso.

Ha davvero importanza chi ha detto o fatto cosa? È così necessario perdere la ragione di fronte a persone che non ti piacciono o che sono di poca importanza per te? Quando ti scopri a irritarti con facilità nelle relazioni, di' a voce alta: «E se le cose si inaspriscono con quella persona, cosa cambia?». Se sei esageratamente preoccupato per la tua salute, prova a dire: «E se anche mi sentissi un po' male? A tutti capita di soffrire o avere una cattiva salute a volte».

Bastano solo queste semplici parole per ricalibrare la tua sensibilità.

Quando ci ossessioniamo ripetutamente su qualcosa, si parla di *fissazione*. Per liberartene, ripeti a te stesso: «Che problema c'è?». Se hai compiuto delle scelte finanziarie sbagliate e hai perso del denaro, ricordati che la fissazione per quella perdita è più dannosa della rimessa in denaro in sé. Ossessionarsi per le perdite è uno spreco di tempo e un danno per le relazioni. Di' a te stesso: «Cosa saranno mai un po' di soldi persi?». Quando stai affrontando una rottura, prova a dire a te stesso: «Che problema c'è? È solo una rottura». Scoprirai che i pensieri che ti appesantiscono il cuore inizieranno a farsi più leggeri.

Ricorda questi mantra:

Che problema c'è?

E allora?

Queste cose capitano!

Conclusioni della quinta parte

ACCETTARE, VOLERE, FINGERE, MANTENERE

Per liberarti di una cattiva abitudine, devi passare attraverso i seguenti quattro passi.

Accettare

Il primo passo è accettare due cose. La prima, che hai una cattiva abitudine. La seconda, che questa abitudine ti sta mettendo a disagio. Per facilitare questa accettazione, è utile scrivere il tutto e leggerlo a voce alta. Per esempio, scrivi così la prima riga: *Ho l'abitudine di tentare di cambiare e controllare le emozioni degli altri.* La riga successiva potrebbe essere: *Questa abitudine è estenuante.* Continua a scrivere e leggi le righe di frequente e a voce alta. Se vuoi smettere di fumare, scrivi: *Ho l'abitudine di fumare. Questa abitudine è dannosa per il mio corpo.* Leggilo a voce alta più volte. Il motivo per cui le persone spesso riprendono a fumare dopo avere deciso di smettere è che dimenticano questi due fatti. Dimenticare che il fumo è una dipendenza porta a pensieri del tipo: *Posso fumare solo una volta e poi smettere di nuovo.* Dimenticare che quest'abitudine è dannosa ti fa pensare: *Meglio fumare che essere stressati.* Di conseguenza, devi costantemente ricordare al tuo cervello, almeno per una settimana senza sosta, che il tuo vizio è dannoso e hai deciso di smettere per questo.

Volere

Ogni abitudine ha una sua duplice natura. Lo stesso vale per le cattive abitudini. Anche se vuoi liberarti di quest'abitudine, permane comunque la paura che, senza di essa, la tua vita andrà a rotoli. Per liberarti del tutto di una cattiva abitudine, devi volerlo con abbastanza intensità. Tutti quanti hanno delle abitudini che diminuiscono la propria autostima, il segreto è essere davvero decisi a rinunciarvi.

Fingere

Sarebbe l'ideale se il desiderio di cambiamento partisse dal profondo del tuo cuore, permettendoti di smettere con facilità. Tuttavia, simili casi sono rari. Fino a che non si formerà una nuova abitudine, dovrai fingere di esserti già liberato di quella vecchia. Fingere fino a che non diventa reale richiede almeno due mesi.

Mantenere

Questa è la parte più difficile per le persone con una scarsa autostima. Le abitudini hanno la tendenza a ripresentarsi. Di conseguenza, un completo cambiamento non avviene dopo un solo tentativo. Il problema sorge quando ci ricadi e pensi: *Sapevo di non potercela fare. Guarda, ho di nuovo fallito!* Certe cose portano alla disperazione. Tieni duro.

Il cambiamento non si raggiunge attraverso una sola decisione o un unico tentativo. Potresti fare molti tentativi e collezionare fallimenti. Ricadere nelle sensazioni di inferiorità e nelle cattive abitudini è una parte naturale del processo. La cosa importante è non pensare di aver fallito. Devi continuamente ricostruire e rinforzare, perché solo così la tua mente potrà giungere al risultato.

Riepilogo della lezione di autostima

- *Più una civiltà è sviluppata, maggiori sono i fattori di stress.*
- *Chiedersi* Cosa pensi che accadrà in seguito? *è un buon modo per rivelare le paure primarie. Una volta identificato che cosa ti fa preoccupare, spesso scopri che il problema è gestibile.*
- *Per la ripresa fisica ed emotiva, il riposo è obbligatorio.*
- *Non lasciare che la letargia ti impedisca di agire. Fai dei piccoli tentativi verso il tuo obiettivo, prima di convincerti che fallirai. Pensare in maniera eccessiva non fa altro che stancare il cervello, cosa che genera pensieri negativi.*
- *La felicità e l'autostima non possono prosperare in costanti sensazioni di inadeguatezza.*
- *L'inferiorità è un'emozione calda che si compone di inadeguatezza, disprezzo di sé, vergogna e vittimismo. Sono elementi che ci tormentano. Tuttavia, possono anche essere delle fonti di stimoli ed energia.*
- *Se ritieni di avere un problema, devi esaminarne il suo significato con attenzione. C'è una ragione per ogni abitudine che hai sviluppato e, se non sei stato in grado di liberarti del tuo complesso di inferiorità, devi comprendere che valore ha assunto per te.*

- *Per estirpare alla radice il tuo complesso di inferiorità, devi liberarti dell'abitudine di classificare cose e persone in superiori o inferiori.*
- *Prendere il mondo meno sul serio può aiutare a raffreddare il tuo complesso di inferiorità.*
- *Le persone che evitano di affrontare il proprio dolore emotivo spesso compiono tre attività comuni: osservano gli altri, indagano la causa e si lamentano imputando colpe.*
- *I quattro prerequisiti per la risoluzione dei problemi sono: dare la priorità al tuo cuore, agire, perseverare e collaborare, evitando di lavorare da solo.*
- *La sensibilità della mente rispecchia la sensibilità della pelle. Quando siamo emotivamente sensibili, reagiamo con forza a stimoli minori.*
- *I tre mantra da ripetere quando determinate situazioni scuotono la nostra sensibilità sono:* Che problema c'è?, E allora? *e* Queste cose capitano!

SESTA PARTE

COSE DA SUPERARE PER IL RIPRISTINO DELL'AUTOSTIMA

1

SUPERARE LE FERITE

I coltivatori seminano in primavera. Poi, in estate, strappano via le erbacce e spruzzano i pesticidi per tenere sotto controllo i parassiti. Il processo per il ripristino dell'autostima è similare.

Stiamo leggendo questo libro per coltivare il frutto dell'autostima. I precedenti capitoli corrispondono alle fasi della primavera e dell'estate. Comprendere cosa sia l'autostima e rendersi conto di cosa significhi rispettare e amare se stessi è il lavoro della primavera. D'estate, invece, rimuoviamo gli ostacoli.

In natura, limitarsi a rimuovere delle cose dannose produce risultati. I raccolti crescono se li liberiamo dai parassiti, le galline covano da sole quando sono protette dai predatori. Anche l'autostima segue questo principio, da un certo punto di vista. Se rimuovi gli elementi negativi che danneggiano la tua mente, il ripristino sarà più semplice.

Sapere che cosa è negativo e dannoso e accettare di avere simili caratteristiche è il passo preliminare per il ripristino dell'autostima. Il passo successivo è conoscere modi specifici per superarle e metterli in pratica.

Tutte le ferite sono nel passato

La prima cosa da esaminare sono le ferite. Quando diciamo «Sono stato ferito», che cosa intendiamo con esattezza? Cosa può diventare una ferita? E come? Molte persone se lo domandano durante la terapia. Io risponderò in tre modi.

Qualunque cosa

Qualunque cosa può diventare una ferita. Ogni parola, evento o azione può lasciare una ferita. Di conseguenza, *è inutile* dirsi: *Sono uno sciocco perché ho sofferto per anni per qualcosa del genere.*

In qualunque modo

Le ferite si esprimono in ogni modo possibile. Alcune persone piangono, altre si arrabbiano, alcune le manifestano con le risate e altre stringono i denti. Alcune persone vivono come se non fosse successo nulla e altre arrivano a negare che sia mai accaduto alcunché.

In qualunque momento

C'è chi mostra le proprie ferite subito dopo averle riconosciute e c'è chi potrebbe impiegare anni a farle venire a galla. Alcune persone vengono sopraffatte dal dolore delle proprie ferite a decenni di distanza, mentre altre cominciano e concludono il processo di guarigione con rapidità.

Spesso i pazienti mi chiedono se le loro ferite o i traumi pregressi stiano condizionando le loro vite attuali. La mia risposta è sempre la stessa: «Può darsi di sì, può darsi di no». Il modo in cui le ferite si originano e compaiono è così variegato che non vi sono delle regole prestabilite. Ma c'è un importante aspetto in comune: tutti i traumi sono eventi avvenuti nel passato. Considerali come una grossa fotografia di una rana. Se mostri una grossa fotografia di una rana a dei bambini piccoli, in risposta loro potrebbero esserne spaventati, ritrarsi o scoppiare in lacrime. Ma la fotografia in sé non ha mai fatto loro nulla di male. È solo che, dato che hanno paura della fotografia della rana, la rassicurazione non li convince.

Le conseguenze del trauma

Nella serie tv americana *The L Word* c'è un personaggio di nome Jenny. All'inizio, si presenta come un personaggio ordinario che sta per sposare il proprio fidanzato. Dopodiché si innamora all'improvviso della proprietaria di una caffetteria, e in seguito mostra un comportamento estremo e autodistruttivo. Allontana gli amici, li ferisce e fa del male anche a se stessa.

Con il tempo emerge che Jenny ha una ferita causata da un abuso sessuale subìto durante l'infanzia. I suoi genitori non hanno protetto la piccola Jenny e hanno messo a tacere l'incidente. Oltretutto, hanno dato la colpa di ogni cosa a lei. Nel suo percorso, Jenny ha ricevuto delle ferite aggiuntive e ha dovuto convivere con il dolore.

Jenny scrive sempre e sogna di diventare una scrittrice e di innamorarsi di un uomo decente, ma non riesce a sottrarsi ai suoi ricordi oscuri. Si abbandona persino a delle attività sessuali promiscue per dimenticare il passato, ma questo non attenua il dolore. In conclusione, finisce per diventare una ballerina in uno strip club. Si esibisce di fronte a uomini ubriachi e molesti. Un'amica alla fine le chiede: «Perché stai facendo così, dopo tutto quello che hai passato da bambina?». Jenny risponde: «Qui posso smettere quando voglio. Posso mostrare quanto voglio e fermarmi dove voglio. Mi piace questa sensazione».

QUAL È IL PUNTO DEBOLE NEL MIO CUORE?

Le ferite nel cuore spesso lasciano delle tracce. Il tempo le guarisce, ma le cicatrici si rimarginano solo a metà e causano dolore di tanto in tanto. Proprio quando pensi di essertene dimenticato, il ricordo riaffiora e ti tormenta. In superficie sembra guarito, ma dentro si radica e diventa via via sempre più doloroso. La ferita di Jenny è l'incidente dell'abuso sessuale. È un evento passato, ma il dolore c'è ancora. La ferita non guarita continua a peggiorare e a generare altro malessere.

Quella parte del nostro cuore che, se viene sollecitata, fa male si chiama il *punto debole*. Per Jenny, il punto debole è sentire di non avere il controllo su se stessa. L'incapacità di lottare o fuggire dall'abusatore ha avuto un impatto devastante su di lei. E durante il processo di gestione dell'incidente, non si è potuta opporre alla decisione dei suoi genitori o sfidare i loro ordini.

Tutti quanti hanno un punto debole nel proprio cuore, ed è legato alle ferite subite in passato. Per qualcuno che è stato ferito da una rivalità tra fratelli, la competizione diventa il punto debole. Per qualcuno con un trauma dovuto all'essere stato accusato falsamente, la minima insinuazione può far scattare una reazione difensiva. Il punto debole varia da persona a persona.

Meccanismi di difesa per proteggere il punto debole

Le persone che sono state ferite sono ansiose di proteggere i loro punti deboli. Sviluppano dei meccanismi di difesa, il più delle volte in maniera inconscia. Una persona potrebbe manifestare molteplici meccanismi di difesa, e si potrebbero usare vari metodi anche per un solo evento. Le reazioni di difesa sono piuttosto importanti nella vita di una persona. Alcuni sostengono che il tipo di meccanismo di difesa che utilizziamo determina la nostra personalità o il nostro carattere.

Difesa immatura vs difesa matura

A volte, i meccanismi di difesa che proteggono il punto debole danneggiano la persona o le altre persone. Questi vengono chiamati *meccanismi di difesa immatura*. Nella fiction sopraccitata, Jenny vuole liberarsi dalla sensazione di non avere il controllo e attiva un meccanismo di difesa. Tuttavia, i suoi metodi includono l'autolesionismo, la dipendenza dall'alcol e la promiscuità. Queste azioni potrebbero sembrare confortanti sul momento, ma alla fine portano al pentimento e a delle conseguenze negative.

Altri esempi di meccanismi di difesa immatura comprendono le critiche e l'incolpare se stessi. Quando emergono dei sentimenti negativi, alcune persone attaccano gli altri, biasimano se stessi o spettegolano come reazione di difesa. Per esempio, se tua suocera ti dice qualcosa di offensivo ma non riesci ad ammettere che ti abbia ferito, e men che meno a confrontarti con lei al riguardo, potresti sfogarti sui tuoi figli o su altri membri della tua famiglia. Sebbene questo non ferisca tua suocera o te direttamente, non è una difesa efficace. Inoltre, potrebbe causare ulteriori conflitti tra i tuoi figli e la loro nonna, o tra la famiglia e i parenti acquisiti, generando tensione.

Alcune persone reprimono i propri sentimenti, cosa che spesso porta a un'errata collocazione della frustrazione. Se sono arrabbiate con il marito, potrebbero rimproverare il figlio, dicendo: «Sei proprio come tuo padre!».

Il meccanismo di difesa della soppressione alla fine può sfociare persino nella rabbia e nell'aggressività, causando problemi per moltissime persone.

Di contro, le persone con dei meccanismi di difesa matura proteggono i propri cuori senza fare del male a nessuno. La concretizzazione dei meccanismi di difesa matura è la sublimazione. Significa trasformare un evento negativo o delle emozioni a esso legate in attività produttive. Per esempio, un adolescente che ha vissuto il bullismo e la depressione potrebbe crescere e diventare uno psicologo esperto nell'aiutare gli studenti bullizzati. Ricordare le proprie frustrazioni e tristezze lo renderebbe un terapeuta compassionevole. Altri esempi comprendono musicisti che trasformano il dolore di una rottura in canzoni o scrittori che esprimono le proprie ferite attraverso la letteratura. Anziché causare dei danni, questi meccanismi di difesa aiutano gli altri.

Il processo di guarigione dalle ferite e di ripristino dell'autostima include anche sviluppare dei meccanismi di difesa matura. Con l'empatia e ascoltando i consigli degli esperti, si impara come rispondere al dolore e come trovare modi naturali per guarire le ferite. Persino le persone mature hanno delle ferite e dei punti deboli, ma trovano delle modalità pacifiche per proteggere se stesse.

L'IMMUTABILE PASSATO, IL SICURO PRESENTE

Due cose al mondo non si possono cambiare: gli altri e il passato. Le ferite ricevute in passato che perdurano nel presente sono dolorose per tutti. Sono difficili da dimenticare. E, purtroppo, il passato non può essere modificato o cancellato.

Il motivo per cui le ferite passate ci tormentano nel presente è che distorcono la nostra percezione del tempo. Fanno sembrare qualcosa che si è concluso molto tempo fa come se stesse accadendo in questo momento. Una volta ho fatto terapia a una persona che era stata derubata dieci anni prima e, per tutta la seduta, questa continuava a guardare la porta. Quando le ho domandato perché, mi ha risposto: «Ho come l'impressione che il ladro potrebbe entrare da lì».

Le ferite da parte dei genitori durante l'infanzia, le ferite da parte degli insegnanti e il bullismo da parte degli amici sono tutti eventi nel passato. Il *me* che è stato trascurato e sminuito è il *me di molto tempo fa*. Tuttavia, la sensazione è che l'esperienza si stia protraendo nel presente. Le ferite sono dolorose, ma è fondamentale ricordare che fanno tutte parte del passato.

Quando i nodi nella mente vengono sublimati, ci si può sottrarre a questo caos. Ci confonde fintantoché è nella mente, ma una volta portato fuori, diventa chiaro che fa tutto parte del passato. Lo abbiamo superato e adesso siamo al sicuro. Gli adulti che ci tormentavano sono invecchiati e noi siamo diventati più forti. Dobbiamo renderci conto di questo.

Dire al cervello: «Fa tutto parte del passato»

Il nostro cervello è *confuso* e non sa che il dolore fa parte del passato. Anche se comprende che il dolore *è cosa vecchia*, può smarrire il suo buon giudizio e farci perdere il controllo quando siamo ubriachi o stiamo poco bene, scambiando il passato con il presente.

Le ferite sono come quando si sceglie di vedere un film horror: mentre lo guardiamo, i fantasmi e gli zombie ci spaventano, ci fanno rannicchiare e gridare; ma una volta finito il film e usciti dalla sala, la paura che provavamo svanisce nella realtà.

Perciò, abbiamo bisogno di informare costantemente il cervello di questo fatto. Dobbiamo assicurarci che comprenda in pieno che la ferita per cui soffriamo fa parte del passato. Per questo, è più efficace fornire informazioni esterne anziché limitarsi a una persuasione interna. *È necessario* che sia la parte profonda del cervello, il centro dell'emozione e della memoria, ad ascoltarci. Dobbiamo dirle a voce alta: «Fa tutto parte del passato. Adesso sto bene. Sono al sicuro».

Il cervello continuerà a confondersi, per un po'. Avendo pensato in modo erroneo per così tanto tempo, sarà riluttante ad accettare che faccia tutto parte del passato. Avrai pensieri come *A cosa serve questo metodo? È inutile mormorare tra me e me che sto bene. Lo farò dopo*. La nostra mente preferisce la familiarità, perciò cerca di preservare la situazione di disagio causata dalla ferita. Che cosa dovremmo fare, quindi? Dobbiamo continuare a dircelo, un centinaio di volte al giorno, a voce alta, così che le orecchie lo sentano a ripetizione. È solo in questo modo che le cellule uditive, le cellule cardiache e i muscoli facciali, con il tempo, riusciranno ad assimilare il messaggio.

2

SUPERARE LA RESISTENZA

La maggior parte delle commedie romantiche comincia con due persone in apparenza male assortite che si incontrano e continuano a ritrovarsi invischiate l'una con l'altra. Poco alla volta entrano sempre più in intimità, e sembra che si stiano invaghendo in modo reciproco. A quel punto, però, proprio quando stanno per innamorarsi, subentra un ostacolo. Uno dei due, di norma quello con una scarsa autostima, comunicherà in modo letterale o figurativo: «Non so se merito questa felicità» o «Sei una persona meravigliosa, ma non sono pronto per l'amore in questo momento. Tornerò quando sarò migliore di così». Dopodiché scompare. Anche se sogna la felicità, dubita di meritarla davvero e fugge.

Il protagonista è affascinante e brama l'amore, ma ha delle ferite e una bassa autostima. Perciò, anche quando finalmente lo trova, non riesce ad affrontarlo. Lo vorrebbe fare, eppure lo lascia andare. Questa ambivalenza esiste in ognuno di noi.

Volere ma non volere

Alla domanda «Vuoi ripristinare la tua autostima?», la maggior parte di noi risponde di sì. Ma dobbiamo prima pensare bene se, nel profondo di noi stessi, vogliamo davvero che le nostre vite cambino. Sorprendentemente, la risposta non è sempre immediata. In realtà, quando viene posta loro questa domanda, le persone a volte dicono delle cose alquanto inaspettate.

«Sì, perché voglio che i miei figli vivano in un mondo felice.»

«Certamente, perché devo trovare un lavoro e sposarmi.»

«Perché mi fai una domanda tanto ovvia? Tu vuoi essere infelice? Perché continui a ripetere la stessa domanda?»

Alcuni uomini e donne leggono libri e si rivolgono alla terapia per ripristinare l'autostima, ma spesso si ritrovano a concentrarsi su altri obiettivi. Si focalizzano sui problemi dei loro figli anziché sulla loro stessa autostima. Oppure si preoccupano di questioni vicine, immediate, che ostacolano la loro concentrazione sulla ripresa.

Le nostre menti reagiscono in maniera ambivalente alla prospettiva di significativi cambiamenti di vita come il ripristino dell'autostima. Li vogliamo disperatamente, eppure non li vogliamo, procediamo verso la guarigione mentre al tempo stesso ci dedichiamo ad azioni opposte. Vogliamo il cambiamento, ma opponiamo resistenza. Per guarire davvero, dobbiamo renderci conto di ciò che facciamo e superare la nostra resistenza. Alcuni potrebbero dire: «Non porrò alcuna resistenza, aiutami solo a ripristinare in fretta la mia autostima». Ma comprendere e affrontare la resistenza è essenziale nel processo di recupero.

La resistenza è un fenomeno naturale, proprio come la frizione che si verifica quando si sposta un oggetto. Vorremmo tutti passare da una personalità infelice a una felice. Ma per passare da qui a lì, dobbiamo superare la frizione e l'inerzia. C'è sempre una forza che ci tiene fermi sul posto. È più realistico renderci conto di ciò che causa la frizione, e apprendere in che modo possiamo superare la resistenza, anziché negarne l'esistenza.

Per esempio, se durante un colloquio l'intervistatore domanda a un candidato «Vuoi lavorare per questa azienda?», tutti quanti rispondono: «Sì, lo voglio». Tuttavia, nel profondo, lo fanno anche se stanno temendo di non riuscire più a dormire o di non essere in grado di adattarsi a un nuovo posto di lavoro. Alla domanda «Se lavorassi qui, dovresti essere disponibile dal mattino fino a tarda notte. Dovresti rinunciare al tuo sogno di diventare scrittore. La cosa ti starebbe bene?», le loro menti vacillerebbero ancora di più. Il desiderio di trovare lavoro è forte, ma anche la paura di ciò a cui dovrebbero rinunciare è considerevole.

L'ambivalenza è comune anche nelle relazioni a lungo termine. Le persone potrebbero voler rompere perché l'amore è svanito, eppure vogliono preservare la relazione stabile che hanno creato. A volte, pur sapendo che chiudere la relazione li renderebbe più felici, le coppie non riescono a superare la resistenza e si limitano a lamentarsi della propria insoddisfazione.

Tre tipi di resistenza che ostacolano azione e pratica

I problemi si presentano quando siamo inconsapevoli o rifiutiamo di accettare la nostra resistenza. Se ignoriamo la nostra resistenza interiore, non possiamo superarla. Possiamo provarci con tutte le nostre forze, ma falliremo ripetutamente.

Per esempio, alcuni avidi lettori di libri di auto-aiuto sono sopraffatti dalla resistenza. Tentano vari metodi per ripristinare la propria autostima, compreso leggere i libri, partecipare alle conferenze e rivolgersi alla terapia, ma non vedono alcun progresso. La resistenza si annida nelle loro menti e prosciuga la loro motivazione. Leggere un libro per ripristinare la tua autostima è come leggere un manuale per diventare un guidatore migliore: non ti sarà d'aiuto a meno che non ti eserciti alla guida. La sola conoscenza senza la pratica non rende una persona un guidatore provetto.

Se vuoi sinceramente guarire, devi agire. La resistenza, tuttavia, si mette sempre di mezzo. Ecco tre tipi comuni di resistenza che ci impediscono di intraprendere i passi verso il ripristino dell'autostima.

Non funzionerà

Il primo tipo di resistenza è il dubbio riguardo all'esito. Quando inizi a dubitare del risultato, le tue azioni rallentano. Questo dubbio deriva da una mancanza di sicurezza. Pensi che fallirai comunque, e se ti impegni molto e fallisci in ogni caso, ti sembrerà ancora più inutile. Il pensiero di sperare qualcosa e non ottenerlo ti porta a credere che rinunciare in partenza possa essere la cosa migliore da fare.

Per una persona con una bassa autostima, dubitare dell'esito è naturale. Non si fida delle proprie capacità, perciò non riesce a immaginare il proprio successo. Tuttavia, il processo di ripristino dell'autostima non è questione di promozione o bocciatura. Per esempio, dopo aver lavorato sodo in palestra per tre mesi, potresti avere il corpo perfetto oppure no, ma avrai senza alcun dubbio fatto dei miglioramenti rispetto a quando hai cominciato. Anche se ti attieni all'impegno solo per tre giorni, è sempre meglio che il nulla assoluto per gli stessi tre giorni.

La teoria è solo teoria

La prima volta che ho letto *Gli uomini vengono da Marte, le donne da Venere*, ho pensato che, se tutti quanti leggessero quel libro, non ci sarebbero più liti tra uomini e donne. Il testo spiega in modo chiaro le differenze nel linguaggio tra uomini e donne e come comunicare con loro in modo opportuno. Sebbene il libro sia diventato un bestseller, uomini e donne ancora si fanno coinvolgere da discussioni che derivano dalle loro differenze nel linguaggio.

Questo è dovuto al fatto che abbiamo una *resistenza alla pratica*. Separiamo la teoria dalla pratica, studiamo la teoria con diligenza ma non riusciamo a metterla in atto. Se non applichi alla tua realtà ciò che hai appreso, fallirai. Eppure, alcune persone incolpano la teoria, sostenendo di aver fallito nonostante l'abbiano compresa alla perfezione.

Se hai ottenuto degli spunti leggendo un libro, devi applicarli alla vita vera per poter aiutare davvero te stesso. Così come la teoria non correlata alla pratica viene criticata in quanto astratta, non è costruttivo limitarsi a leggere e non applicare ciò che hai appreso.

Ci ho provato, ma non ha funzionato

A volte, le persone si impegnano, ma tornano presto al proprio stato originario. All'inizio potrebbero percepire che la loro autostima è migliorata e sentirsi più stabili, ma poi tutto quanto crolla. Si sentono scoraggiate dal fallimento e pensano: *Questo proprio non funziona*. Hanno la sensazione che tutti i loro sforzi siano stati vani.

Ci vogliono più di due mesi per abituarsi a un qualunque cambiamento, a prescindere da quanto piccolo sia. Durante questo periodo, è naturale che riemergano le vecchie abitudini. Le nostre menti seguono la legge dell'inerzia. Quando accade, non incolpare te stesso e non ti arrendere. Al contrario, esamina con attenzione le ragioni e i fattori scatenanti che affossano la tua autostima ancora di più. Studia le persone che hai incontrato, ciò che è stato detto e il modo in cui la tua risposta emotiva ha reagito, determinando una battuta di arresto. Così facendo, puoi mettere una pezza all'intoppo ed evitare che si ripresenti per la stessa ragione durante il percorso.

Andare avanti lo stesso

Incontrerai moltissime altre resistenze al cambiamento. Neppure l'influenza delle persone che ti circondano può essere ignorata. Potrebbero non rendersi conto dei tuoi sforzi o, mentre tu cambi, la tua famiglia potrebbe non farlo. Un amico potrebbe insistere che non sei cambiato quando invece l'hai fatto, oppure potresti non sentirti felice come ti aspettavi. Tutte queste cose sono ostacoli in cui potresti imbatterti sulla strada del cambiamento.

Molti pazienti mi chiedono come fare per superare questi scogli. Il problema si presenta quando le persone bloccano il processo finché non trovano una risposta a questo dubbio. In realtà, i veri ostacoli non sono le barriere mentali. Queste non si mettono davvero in mezzo tra te e il tuo obiettivo, ma tendono a far sembrare i risultati positivi meno gratificanti o a far percepire le parti negative come travolgenti.

Se vuoi riscontrare un vero cambiamento, è importante andare avanti. A volte devi proseguire nonostante tu non abbia superato la tua resistenza mentale. A mano a mano che prosegui e sbatti contro eventuali muri di resistenza, ti rafforzerai in modo naturale. Continua a mettere un piede di fronte all'altro: il cambiamento arriverà solo andando avanti.

Credere nella destinazione chiamata felicità

Speriamo tutti di raggiungere la felicità e di ripristinare la nostra autostima. Tuttavia, la paura delle responsabilità o dei cambiamenti futuri ci porta a rallentare pur desiderando di migliorare. Per superare questa cosa, devi credere che la tua destinazione ti stia aspettando. Devi credere che diventare una versione compiaciuta di te ti renderà felice. Abbi fiducia in questo e aspira alla meta.

Il viaggio verso il ripristino dell'autostima e la felicità comporta delle perdite. Devi separarti dalla compassione, dalle attenzioni e dalle concessioni che a volte hai ricevuto quando eri infelice o avevi una scarsa autostima. In fase di ripristino, potresti ricevere invidia e gelosia, oltre all'ammirazione. Potresti soffrire per falsi pettegolezzi e situazioni ingiuste. È inevitabile, perché mentre tu stai cambiando, gli altri resteranno gli stessi, continueranno a essere ingiusti e immaturi.

Nel processo di ripristino dell'autostima, è indubbio che affronterai della resistenza. Potresti pensare *Mi sarei dovuto limitare a vivere come prima*, o temere di non essere più umile. Ma amare te stesso e migliorare la tua autostima non ti trasformeranno all'improvviso in una persona arrogante né ti porteranno all'ostracismo sociale. Più acquisirai autostima, più svilupperai buone maniere e una rilevante considerazione verso gli altri, che a loro volta ti proteggeranno.

Ribadisco: la cosa giusta da fare è apprezzare e rispettare te stesso. Ed è anche ciò che ti renderà felice. Dobbiamo credere nella nostra felicità. Di certo è più piacevole essere invidiati che sminuiti, suscitare gelosia anziché compassione. Possiamo essere felici e soddisfatti da soli, senza il bisogno delle cure di qualcuno. D'altronde, non feriamo *né* causiamo danno alcuno ad altri ripristinando la nostra autostima.

3

SUPERARE LE CRITICHE

Le critiche sono come un virus. Si formano nella bocca di qualcuno, escono ed entrano nei nostri corpi. A volte, se un virus circola all'interno di un gruppo, qualche amico fidato potrebbe persino diffonderlo alle tue spalle. È per questo motivo che temiamo le critiche e diventiamo sensibili rispetto a ciò che gli altri dicono di noi.

Tuttavia, i virus non sono davvero così spaventosi. In realtà non sono organismi viventi e non possono arrecarci del male fisico. Il punto è che si stabiliscono nei nostri corpi e creano problemi. Allo stesso modo, le critiche ci mettono in difficoltà quando lasciamo che ci tocchino. Causano dolore e disprezzo di sé, attaccandoci dall'interno.

Di conseguenza, è essenziale saper comprendere quando e come le critiche sono rivolte a noi. Alcune persone ci mettono ben poco a criticare ed è meglio evitarle o mantenere le distanze. Se devi stare vicino a queste persone per forza, proteggiti come faresti contro un virus, indossando una mascherina o lavandoti le mani di frequente. In altre parole: previeni e difendi, o almeno riduci gli effetti collaterali.

I CINQUE TIPI DI CRITICHE

Innanzitutto, dobbiamo comprendere cosa sono le critiche, perché molte persone fraintendono il concetto. Sottolineare un fatto ovvio e fare dei commenti ben intenzionati sono da considerarsi critiche? Non necessariamente. Le critiche sono come delle frecce, che vengono scagliate contro un amico, un nemico o se stessi, e comprendono le seguenti tipologie.

Crudele sincerità

Impariamo sin dalla tenera età a essere sinceri. Ci viene insegnato che è lodevole dire la verità nuda e cruda. Che male c'è nell'evidenziare la realtà? Tuttavia, a seconda delle intenzioni e delle emozioni correlate, *sottolineare l'ovvio* può diventare una critica.

«Parker sembra dare priorità alla famiglia rispetto al lavoro.»

Supponiamo che Parker senta dire questo dal proprio capo. Anche se *dare la priorità alla famiglia rispetto al lavoro* è un fatto ovvio e molte persone la pensano così, questa affermazione è una critica. L'intenzione implicita del capo è criticare Parker e l'emozione espressa è l'insoddisfazione verso il focus di Parker sulla famiglia.

Assegnare un nome alle cause

«La mia autostima è scarsa perché non ho ricevuto sufficiente amore da bambino?»

Questa domanda emerge di frequente in terapia. Quando si hanno problemi di salute mentale, spesso le persone ne ricercano la causa. Si interrogano sulle ragioni dietro la propria ossessione per l'alcol, la propria incapacità di superare una rottura o la propria ansia.

I terapeuti devono essere cauti nel discutere delle cause, perché si può dare vita ad accesi dibattiti tra i pazienti e le loro famiglie. Un figlio potrebbe esclamare: «Sono così per colpa di mio padre!». E il padre potrebbe difendersi: «È perché ti manca la forza di volontà! Non incolpare gli altri!». Queste discussioni restano incagliate nello schema di attacco e difesa e faticano a risolversi.

Ricercare la causa di un comportamento negativo porta spesso alla critica, perché i sentimenti sono feriti. Genera una reazione immatura perché si cerca di assegnare colpe ad altri anziché risolvere il problema. Se trovare la causa è fondamentale, prendi in considerazione i sentimenti della persona da cui proviene la critica e offri sufficiente supporto per comprendere la situazione.

Predire un esito negativo

«Se continui a comportarti in questo modo, finirai per restare solo. Non avrai mai nessun amico.»

Questa frase è comune, quando si allevano i figli o si insegna a qualcuno come comportarsi. L'intenzione è di redarguire con il fine di evitare futuri errori. L'aspetto negativo di questa tattica, però, è che genera un senso di ingiustizia. La persona che ascolta questo consiglio potrebbe avere l'impressione che la si stia accusando di aver rubato una mucca quando si è limitata solo a prendere un ago. Critiche ripetute e severe possono portare a pensieri del tipo *Tanto valeva che rubassi una mucca*. In poche parole, si trasformano in risentimento e portano addirittura alla ribellione.

Paragonarsi agli altri

La maggior parte delle messe a confronto sfocia in critiche. Per esempio, un padre potrebbe dire al figlio: «Tal dei tali è proprio un bravo ragazzo...». Lasciare la frase in sospeso è a sua volta una critica, perché il messaggio implicito è chiaro.

Mentre i superiori spesso paragonano i subordinati, anche i subordinati possono paragonare i superiori, esprimendo insoddisfazione. Spesso i figli confrontano i propri genitori con quelli degli altri, desiderando di essere nati in famiglie più abbienti o di avere dei familiari più comprensivi. Se tenute per sé, queste sono considerazioni meno dannose, ma una volta espresse a voce alta si trasformano in critiche.

Il perché retorico

«Perché hai fatto qualcosa di cui ti sei pentito?» non è una domanda sincera, ma implica piuttosto un sottotesto: *Sei una persona imperfetta che non riesce a correggere i propri errori.*

Al di là di queste cinque tipologie, qualunque commento ti faccia sentire male è probabilmente una critica. Anche se sembra un consiglio dichiarato con calma o una diretta affermazione di causa ed effetto, se genera del disagio emozionale è una critica, in quanto il destinatario lo percepisce come tale. Ed è importante capire quando si viene criticati.

Le critiche costruttive non esistono

Quando ti ritrovi a essere rimproverato, è essenziale rendertene conto in fretta. Per quale motivo? Perché le critiche non ci aiutano davvero nella vita. Certo, a volte un severo rimprovero può scatenare passione e determinazione, ma questo è l'effetto della *ventilazione* – lo sfogo emozionale che si manifesta con le lacrime – e non della critica in sé.

Alcune persone ritengono erroneamente che le relazioni piene di critiche e litigi siano in qualche modo evolutive. Ciò è comune nelle coppie che pensano che litigare sia fondamentale per una relazione sana. Tuttavia, la maggior parte dei terapeuti di coppia dissente con convinzione. Il dottor John Gottman, un rinomato consulente matrimoniale americano, ha studiato gli schemi comunicativi di migliaia di coppie. Ha classificato le tipologie di coppie che vivevano felicemente e quelle indirizzate verso il divorzio. Le sue scoperte hanno rivelato che la soddisfazione coniugale non si radica in grosse questioni come i problemi finanziari, l'educazione dei figli o i conflitti con i parenti acquisiti. Le relazioni indirizzate al divorzio avevano dei conflitti dovuti agli stili di comunicazione, legati a critiche, sdegno e compiacenza. Il principale stile di comunicazione che porta al divorzio è quello composto da critiche e ripicche. Frasi come «Questo è colpa tua!» e risposte come «Parli proprio tu!» lasciano delle cicatrici emotive. Litigare su giusto e sbagliato, o scavare alla radice delle cause dei problemi in questo modo, ci porta un passo più vicini al divorzio anziché a risolvere la questione.

Le critiche sono solo delle proiezioni, un modo per incolpare gli altri quando qualcosa va male. La proiezione è un meccanismo di difesa immatura che, a differenza della sublimazione o dell'umorismo, non è produttivo e genera maggiori problemi.

Quando un bambino cade e scoppia a piangere, il genitore potrebbe dire «È stato il suolo, il suolo è cattivo!» e colpire il pavimento. Il bambino a quel punto si unirebbe a lui nel colpire a terra e smetterebbe di piangere. Incolpando il suolo, il bambino dimentica temporaneamente il proprio dolore. Una volta cresciuto, capirebbe che non deve incolpare il pavimento perché ciò non guarisce il suo ginocchio sbucciato né fa tornare indietro il tempo.

Tuttavia, anche gli adulti possono perdere il loro giudizio sensato quando sono stressati. Se le persone sono turbate al punto da perdere la loro solita compostezza, persino gli adulti possono tornare a utilizzare i meccanismi di difesa immatura che usavano nell'infanzia. Il cervello può temporaneamente regredire e appellarsi soltanto alle critiche.

Se ti ritrovi a criticare di frequente può significare che la tua mente è spesso a disagio e in fase di regresso. Anche se nulla si ottiene e nulla cambia, il disagio dentro di te è così grave che non riesci neppure a pensare in modo razionale.

Cose da ricordare quando si viene criticati

Immagina un pugile sul ring che viene colpito. Se perde la concentrazione, continuerà a venire colpito finché non si ritroverà stordito. Anche dopo l'incontro, soffrirà di gravi effetti collaterali. Prima che ciò accada, dovrà quindi schivare o proteggersi. Se nessuna delle due opzioni fosse possibile, dovrebbe arrendersi in fretta per minimizzare il danno. Lo stesso si applica quando vieni criticato.

Riconoscere le critiche

A differenza di un incontro di boxe, la vita non si verifica su un ring e non ci sono dei chiari avversari. Puoi venire attaccato dalla famiglia, dagli amici, dai colleghi o persino da un vicino di passaggio. Renditi conto che ti stanno criticando e che le tue difese si stanno indebolendo.

Comprendere che il tuo disagio deriva dalle critiche

Se ti senti male dopo aver incontrato qualcuno, è probabile sia dovuto alle critiche. Le critiche possono essere espresse con parole, sguardi, gesti o persino con la passività. Se è una cosa ambigua, hai subìto un attacco discreto. È inutile domandare alla persona «Mi hai appena criticato?», perché di norma chiunque lo negherebbe. Ciò che è importante è rendersi conto di essere stato criticato e che, come risultato di questo, ne sei turbato.

Riconoscere le proiezioni di chi ti critica

Questo punto viene spesso sottovalutato. Se qualcuno ti attacca, *è possibile* che stia proiettando su di te il suo tormento. Sebbene sia semplice dimenticarsene quando si è scossi, ricorda che anche chi ti critica può essere angustiato. Le persone ferite dicono cose che fanno male.

Rendersi conto che sono solo le loro emozioni

Spesso riteniamo che chi ci critica ci conosca bene. Se un genitore commenta la nostra personalità o un capo ci sminuisce, lo accettiamo. Tuttavia, si tratta solo di un pensiero fugace da parte di chi ci critica. Loro non hanno alcuna autorità su di noi, né criteri oggettivi, desideri o abilità per giudicarci con saggezza. Le loro opinioni non sono verità bensì visioni personali che possono cambiare in qualunque momento. Chi ti critica semplicemente non riesce a trovare una difesa efficace contro il proprio stress.

Come gestire le critiche sotto forma di domanda: trattale come domande aperte

Molte critiche vengono espresse sotto forma di domande retoriche. «Come mai non hai trovato un lavoro?» è una critica sotto mentite spoglie. Dobbiamo rendercene conto.

Anziché ribattere con «Perché mi chiedi questa cosa di prima mattina?» e dare adito a ulteriori attacchi, tratta simili domande come se la persona che te le ha poste stia davvero cercando delle informazioni. Rifletti sul perché non hai trovato un lavoro e rispondi di conseguenza: «Ho un basso punteggio nei test di lingua» o «Non ho frequentato una scuola sufficientemente prestigiosa». Se sei incerto, puoi dire anche: «Ci ho pensato molto, ma non lo so. Te lo farò sapere non appena lo avrò capito». In alternativa, interroga questa persona sulla sua prospettiva, trasformando la critica in una discussione: «Non sono sicuro del perché non abbia trovato un lavoro. Se tu lo capisci, fammelo sapere, per favore».

Come gestire le critiche dichiarative: limitati ad accettare l'opinione di chi ti critica

Rispondere alle critiche con altre critiche peggiora il conflitto. Se ribatti dopo essere stato criticato, potresti ricevere altri tre o quattro colpi in risposta. Se hai subìto dieci colpi e ne restituisci altrettanti, questo potrebbe equilibrare le cose, ma non cambierebbe il fatto che hai acuito il tuo dolore.

Piuttosto, lascia a chi ti critica i propri pensieri. Se tua madre ti paragona a tua sorella, prova a rispondere con: «*D'accordo*, pensi che mia sorella sia più intelligente di me, e allora?». Potrebbe seguire un altro commento negativo in risposta, come: «Perché non dici che ti impegnerai di più come fa tua sorella?». Ancora una volta, limitati ad accettare il suo pensiero: «Immagino che sia così che la pensi tu, mamma».

UN LIVELLO SUPERIORE DI RISPOSTA ALLE CRITICHE: L'EMPATIA

Le persone che ci criticano spesso sono arrabbiate, turbate e ostili nei nostri confronti. Gestire queste emozioni è difficile. Persino i terapeuti affrontano ogni giorno le emozioni negative da parte dei loro pazienti. Non potremmo fare questo lavoro per più di un giorno se prendessimo tutto sul personale.

Al contrario, i professionisti della salute mentale imparano a gestire le critiche empatizzando. L'empatia non soltanto guarisce gli altri, ma neutralizza anche con efficacia le emozioni negative. Implica allineare le frequenze emozionali per cancellare i sentimenti negativi. Durante le conversazioni, i terapeuti dicono spesso «Capisco» oppure «Perciò è questo che è successo».

L'empatia è l'abilità più avanzata per gestire le critiche. Per esempio, puoi rispondere a un capo che ti critica con: «Mi dispiace di aver procrastinato e averti causato problemi. Deve essere stato frustrante».

L'empatia disarma le critiche, minimizzandone l'impatto e i danni.

4

SUPERARE I CIRCOLI VIZIOSI

Quando una coppia non va d'accordo, spesso uno dei due si convince che il problema risieda nell'altro partner. Mentre esprimono le loro rimostranze dal terapista, l'uno è ansioso di dimostrare all'altro quanto incompetente, cattivo o disonesto lo consideri. Eppure, allo stesso tempo, entrambi sono dipendenti l'uno dall'altro. «Se solo cambiasse, non sarei così irritabile e potrei essere più devoto alla nostra famiglia!» Questa dichiarazione implica che la felicità della coppia dipende dal proprio coniuge. L'ironia sta tutta qui: ciascuno dei due affida la propria vita a qualcuno che considera la persona più incompetente del mondo.

Certo, non è semplice rendersi conto di questa situazione paradossale.

Il problema non si limita alle coppie. I genitori che hanno rapporti travagliati con i figli ripongono in loro alte aspettative. Gli impiegati insoddisfatti dei propri capi si aspettano moltissimo da loro.

Maggiore è l'aspettativa, più grande è la delusione, e oltretutto ci si aspetta anche che la persona che li ha delusi rimedi a ogni danno. Aspettativa e delusione creano un circolo vizioso. Maggiore è l'aspettativa, più grande è la delusione, e più grande è la delusione, maggiore è l'aspettativa che la persona che delude in qualche modo porrà rimedio alla cosa. Questo ciclo si ripete fino a che non ci si ritrova a doversi arrendere, ma di norma non vi si riesce. Quando si è intrappolati in un circolo vizioso, questo processo continua a rinforzarsi da solo. *Se faccio sufficiente pressione su mio marito, lui cambierà*, pensa una moglie, e quando questi non cambia la delusione è ancora più grande.

Per evadere da questo circolo vizioso, scaccia tali pensieri.

Devo cambiare la causa alla radice

Una volta, una madre di due figli si è rivolta a me perché era preoccupata per i suoi bambini. Li separavano due anni, erano molto competitivi e litigavano spesso per i giocattoli. Il più piccolo piangeva quando il fratello maggiore gli prendeva il giocattolo. Il più grande a quel punto correva via, imperturbabile.

Le ho offerto una soluzione semplice: «Penso che comprare due giocattoli identici risolverebbe il problema».

La madre è rimasta lì a fissare il vuoto per qualche momento. Dopodiché, ha espresso la sua insoddisfazione in tono irritato.

«Ma a quel punto il problema fondamentale non verrebbe risolto.»

«Chiedo scusa?»

«Dobbiamo risolvere il problema fondamentale. I due bambini sono troppo competitivi ed egoisti. Voglio crescere i miei figli affinché siano rispettosi e sappiano condividere le cose che hanno. È per questo motivo che sono venuta qui. Deve fornirmi una soluzione reale.»

Mi sono sentito ingiustamente accusato. I suoi figli avevano soltanto sei e quattro anni. È del tutto naturale per i bambini essere competitivi e cercare di prendersi le cose a vicenda. Oltretutto, il tentativo di ricevere più amore e attenzione da parte dei genitori è un comportamento che si riscontra persino tra fratelli adulti.

Molte persone si aggrappano alla causa che credono sia la radice dei problemi. È come stare di fronte a un fuoco e domandare: «Perché questo incendio è divampato? È stato un corto circuito? Un incendio doloso? Che problemi ci sono nel sistema di prevenzione degli incendi del nostro paese?». La cosa importante è innanzitutto spegnere il fuoco, no?

Ho bisogno di cambiare le altre persone

Quando si ha a che fare con i problemi di salute mentale, le persone spesso sprecano fin troppo tempo ad analizzarne le cause, ritrovandosi con poca energia residua per risolvere il vero problema. Un cervello stanco giudica in modo sbagliato. Si ossessiona su obiettivi impossibili. È il caso tipico di quando ci si concentra troppo sugli altri. Le persone perdono il sonno e l'appetito per pensare agli altri. Ma non importa quanto si preoccupino o prestino attenzione, se si focalizzano su cose che non possono cambiare.

Per esempio, supponiamo che tu sia stato rimproverato dal tuo capo e poi non riesca a dormire la notte. Ti svegli più e più volte, arrabbiato e con la sensazione di aver subìto un torto. La mancanza di sonno profondo ti rende frastornato, il giorno dopo al lavoro. La tua concentrazione cala e l'efficienza del tuo lavoro diminuisce. Oltretutto, il tuo capo è molto severo, perciò ti becchi un'altra lavata di capo.

Il primo problema da risolvere qui è ripristinare il tuo ritmo del sonno. Devi farti una bella notte di riposo per riprenderti dalla stanchezza. Ciò migliorerà la tua capacità lavorativa. La maggior parte delle depressioni può essere risolta semplicemente con una bella dormita.

In secondo luogo, spesso dimentichiamo che anche gli altri hanno dei problemi. Il tuo capo avrà delle difficoltà a gestire il suo carattere, ma anche l'organizzazione culturale che sovraccarica i dipendenti di basso livello è un problema. Se cerchi di analizzare questi fatti oggettivi per prima cosa, i sintomi che proverai a livello personale non si risolveranno. Le due cose che non possiamo cambiare al mondo sono le altre persone e il passato. Quando affronti dei problemi, comincia da quelli che rientrano nella sfera del tuo controllo.

Non c'è alcuna garanzia che gli altri cambieranno solo perché tu lo fai. Anche se dormi bene e migliori la tua abilità lavorativa, il tuo capo potrebbe comunque trovarti dei difetti. Ma ciò che è importante è la tua vita. Le vite degli altri possono anche restare invariate, ma se tu cambi, la tua soddisfazione verso la tua persona può aumentare dal venti al settanta percento. Non è forse quello che vuoi?

Devo cambiare la mia personalità

Esistono uomini e donne ossessionati dal cambiare la propria personalità. Affrontano la terapia con l'obiettivo di correggere il temperamento irascibile e la loro natura introversa. Oppure sostengono di presentare tutti i sintomi del disturbo da personalità *borderline*. Questi individui in genere sono insoddisfatti di tutto ciò che li riguarda.

Tuttavia, voler cambiare la propria personalità è simile a voler cambiare del tutto un'altra persona.

Certo, la nostra personalità può cambiare in un certo qual modo. Alcuni di noi si trasformano attraverso la terapia o dopo improvvise epifanie. Il problema risiede nel definire la *personalità*, che in realtà ingloba moltissime cose in sé. Dal momento che la *personalità* di solito si riferisce a una caratteristica innata, iniziamo a domandarci se *correggere la personalità* sia un obiettivo fattibile.

Per via di questo dilemma, le persone che vogliono cambiare la propria personalità restano intrappolate in un circolo vizioso. Per esempio, un flusso di pensieri può essere: *La mia personalità è tremenda. Devo cambiare la mia personalità. Ma le personalità non si cambiano con facilità. Di conseguenza, la mia personalità resterà tremenda. È così doloroso. Devo cambiare la mia tremenda personalità. Ma le personalità non si cambiano con facilità. Le medicine non aiutano, e neppure consultare un medico lo farà...* e così via.

Se predisponi come tuo obiettivo il cambiamento della tua personalità, è inevitabile che ti stancherai a metà strada, perché riverserai tutte le tue energie in un compito impossibile. Un introverso potrebbe provare a cambiare partecipando a incontri e tentando di parlare più del solito, ma ogni volta che si sentirà intimidito o vorrà stare da solo si vergognerà di provare certe sensazioni. E dato che gli altri non si accorgeranno che sta facendo uno sforzo, cosa che capiterà di frequente, l'introverso confermerà ancora una volta dentro di sé: *Non sono cambiato, dopotutto.*

In realtà, gli sforzi dell'introverso avranno comportato alcuni reali cambiamenti, ma la preoccupazione per le parti che non sono cambiate lo scoraggerà comunque. Non è che la personalità non possa cambiare un po', è che ossessionarsi per le parti che non stanno cambiando ci priva del tempo e delle energie che invece potremmo sfruttare per apportare cambiamenti significativi in noi.

Non possiamo evitare di sentirci scoraggiati quando facciamo del *cambiare la personalità* il nostro obiettivo, perché il compito in sé concentra la nostra attenzione sulle parti di noi che non ci piacciono ma che non possiamo cambiare.

Come individuare e spezzare il circolo vizioso

Il problema superficiale e il problema di fondo creano un circolo vizioso. Per esempio, un'insoddisfazione profondamente radicata in noi potrebbe manifestarsi come insofferenza verso il proprio posto di lavoro. Ma l'insoddisfazione verso l'esterno rafforza il malessere profondamente radicato in noi. *Detesto questa azienda e detesto me stesso per il fatto che lavoro qui. Detesto me stesso per aver permesso che questa azienda mi trasformasse in questa persona che odio e detesto l'azienda per avermi fatto detestare me stesso...* e via dicendo.

I problemi di personalità e i problemi relazionali sono simili. La causa è il risultato, il risultato è la causa. Quando incolpi te stesso, questo ti porta a incolpare gli altri per averti reso come sei, e incolpare gli altri ti riporta a incolpare te stesso. Il disprezzo di sé e l'incolpare gli altri si ripetono in un ciclo infinito.

La ripetizione genera slancio. Quando lo stesso fenomeno si ripete, diventa via via sempre più potente, fino al punto che la ripetizione procede per inerzia, divenendo difficile da arrestare. Devi spezzare questo circolo vizioso. Non importa se lo spezzi in superficie o nel fulcro del problema: smettila di biasimare te stesso o gli altri. Interrompi la causa o il risultato.

Per spezzare il ciclo, devi capire in quale ciclo ti trovi. Pensarci in astratto potrebbe non fornirti un'immagine chiara, perciò prova a scriverlo. Se hai un problema di autostima, è probabile che tu abbia pensato più volte alle cause della tua scarsa autostima. Adesso rifletti sugli effetti della tua bassa autostima e scrivi le risposte alle seguenti domande.

Cosa determina come conseguenza la mia scarsa autostima?

Mi rende intimidito. Evito le persone. Mi faccio prendere dal nervosismo.

Questo cosa implica?

Non riesco a spiccicare parola durante gli appuntamenti al buio. Smetto di frequentare le persone e divento un solitario.

Questo cosa implica?

Inizio a provare avversione per me stesso e ad avercela con mia madre per avermi oppresso quando ero piccolo. Ricordo che la mia ex mi ha spezzato il cuore e inizio a piangere.

Questo cosa implica?

Mi sento patetico perché covo rancore verso il passato o la mia famiglia.

Scrivi tutto finché il ciclo non torna a *Perciò la mia autostima si riduce*, cosa che ci riporta all'inizio del diagramma di flusso del circolo vizioso. A quel punto, vedrai quale passo in questo ciclo è il più semplice da spezzare. Anziché porti un obiettivo astratto come *accrescere l'autostima*, stabilisci obiettivi specifici come *non assegnare colpe* o *dimenticare il passa-*

to, per spezzare il circolo vizioso. Prova a realizzare un diagramma del circolo vizioso delle emozioni che provi.

Risolvi prima i problemi immediati

I medici usano un termine chiamato *trattamento palliativo,* che significa curare i sintomi. Anche se la causa di fondo è facilmente identificabile, a volte dobbiamo curare prima i sintomi o il dolore. Per esempio, l'acne adolescenziale è causata dal rapido sviluppo fisico e dagli squilibri ormonali. Ma nessun medico arresta la crescita o esegue degli esami sugli ormoni per curare l'acne. Il miglior trattamento è rimuovere l'acne visibile e prevenire le infezioni secondarie. Il modo giusto di agire è scongiurare le cicatrici e curare le infiammazioni visibili, in attesa che l'adolescenza passi. Entro l'età adulta di norma l'acne si attenua, perciò è essenziale saperla gestire nel mentre.

Anche i problemi di salute mentale richiedono un trattamento palliativo. Con la maggior parte dei problemi, è prudente estinguere il fuoco prima di esaminare perché una persona giochi con i fiammiferi in presenza di materiale infiammabile. Spesso al primo consulto gli psichiatri chiedono ai pazienti se dormono bene, mangiano abbastanza e quali sintomi fisici riscontrano. Sanno che i problemi mentali sono connessi a quelli fisici, in particolare i bioritmi di base. Perciò, partono dai sintomi che possono essere alleviati. Affrontano i problemi che emergono in superficie, che sono oggettivamente da risolvere. Essi sono spesso concreti, piuttosto che mentali, nel presente anziché nel passato e riguardano se stessi anziché gli altri.

Se sei arrivato fino a questo punto del libro e ancora soffri a causa di cattive abitudini o problemi irrisolti, non disperare. Non devi eliminare tutti i tuoi difetti per ripristinare l'autostima. Ti basterà accettare che hai queste caratteristiche e continuare a cercare di superarle.

Una scarsa autostima è come il grasso corporeo. Sebbene rimuovere il superfluo sia cruciale, è più importante creare nuovi muscoli. Fino a questo momento ci siamo concentrati sull'eliminazione del negativo. Adesso è tempo di coltivare nuove abitudini positive per assicurarsi una sana autostima.

Nel prossimo capitolo apprenderemo dei metodi pratici per amare noi stessi, sentirci soddisfatti e più sicuri.

Riepilogo della lezione di autostima

- *Se elimini gli elementi negativi che ti danneggiano la mente, la guarigione diventa più semplice.*
- *Tutti quanti hanno un punto debole nel cuore, ed è legato alle ferite subite in passato. I nostri meccanismi di difesa si sviluppano a partire da questi punti deboli.*
- *A volte, i meccanismi di difesa che proteggono il punto debole danneggiano te o gli altri. Questi vengono definiti* meccanismi di difesa immatura. *Il processo di guarigione dalle ferite e di ripristino dell'autostima include anche lo sviluppo di meccanismi di difesa matura.*
- *Vi sono due cose al mondo che non possono essere cambiate: gli altri e il passato.*
- *Le persone vogliono ripristinare la propria autostima, ma spesso sono inconsciamente resistenti al cambiamento. Avanziamo verso la guarigione e al tempo stesso ci im-*

pegniamo in azioni opposte. Comprendere e affrontare la resistenza è essenziale nel processo di guarigione.

- *Le tre tipologie di resistenza più comuni che ci impediscono di avanzare verso il ripristino dell'autostima sono:* Non funzionerà *(dubbio),* La teoria è solo teoria *e* Ci ho provato, ma non ha funzionato.
- *Le critiche, così come un virus, si formano nella bocca di qualcuno, ne escono ed entrano nel nostro corpo. Vi sono cinque differenti tipi di critiche:* crudele sincerità, assegnare un nome alle cause, predire un esito negativo, i paragoni *e* le domande retoriche.
- *Le critiche sono solo delle proiezioni, un modo per incolpare gli altri quando qualcosa va storto nella propria vita.*
- *L'empatia non soltanto guarisce le persone, ma neutralizza anche le emozioni negative con efficacia. Ciò deve essere applicato anche a coloro che ci attaccano. L'empatia disarma le critiche, minimizzandone l'impatto.*
- *Per sottrarsi al circolo vizioso di aspettative e delusioni si devono scacciare questi pensieri:* Devo cambiare la causa alla radice, Devo cambiare le altre persone *e* Devo cambiare la mia personalità.
- *I problemi di salute mentale richiedono sia una terapia specifica sia cure palliative.*

SETTIMA PARTE

CINQUE ESERCIZI PER MIGLIORARE L'AUTOSTIMA

1

DECIDERE DI AMARE SE STESSI INCONDIZIONATAMENTE

Ricerchiamo amore da parte dei nostri genitori, aspettandoci che ci amino semplicemente perché, appunto, sono i nostri genitori. Ci viene insegnato che l'amore dei familiari è incondizionato, che i nostri genitori ci amano per quelli che siamo, senza aspettarsi nulla in cambio. Questo è ciò che crediamo essere il vero amore. Così, quando ci sposiamo, ci aspettiamo amore incondizionato anche dal nostro coniuge. Diciamo: «Questo è ciò che sono, amami così come sono».

Sebbene desideriamo un simile amore anche da parte degli altri, come ci comportiamo con noi stessi? Anziché amarci incondizionatamente, ci critichiamo e ci detestiamo per tutta una serie di motivi. L'amore che dovremmo donare a noi stessi è lo stesso amore che desideriamo da parte degli altri. Dobbiamo amare la nostra persona così com'è, senza alcuna ragione o condizione. Il nostro obiettivo qui è coltivare un amore ideale e incondizionato verso noi stessi.

L'amore non arriva solo grazie a determinate condizioni. Non devi aspettare di avere un aspetto attraente o una buona personalità. Non devi aspettare di aver ripristinato l'autostima o di essere diventato sicuro di te. Basta che decidi di amarti così come sei, a partire da oggi. Continua ad amare la tua personalità, il tuo comportamento e persino le tue piccole abitudini. È in questo modo che piano piano amerai tutto di te stesso.

Perché temiamo l'amore

All'inizio potrebbe sembrarti strano pensare che decidere di amare te stesso sia l'unica strada per riuscire ad accrescere la tua autostima. Sembra troppo facile per essere vero. Tuttavia, questo semplice atto è davvero difficile a causa della nostra paura dell'amore.

Innanzitutto, temiamo che amare le nostre personalità deboli e insignificanti ci lascerà bloccati in quelli che siamo. In altre parole, abbiamo paura che, se riusciamo ad amare il nostro aspetto poco attraente e la nostra personalità imperfetta, non miglioreremo mai né andremo avanti.

Un'altra resistenza all'amore è la paura del narcisismo. Ci preoccupiamo che amarci troppo ci renda arroganti. È un po' come un uomo debole che evita di fare esercizio fisico perché teme di diventare troppo muscoloso.

Quelli di noi che hanno sofferto a lungo di scarsa autostima sono scettici riguardo al potere dell'amore. Al contrario, ritengono che amarci da soli ci causerà un danno. Perciò ritardiamo il momento in cui ameremo noi stessi a quando diventeremo *degni* di amore.

Questa logica è simile a quella di chi non dà amore, dicendo: «Per ricevere amore, bisogna esserne degni».

Perciò, trattiamo noi stessi in malo modo, ci critichiamo

perché non siamo abbastanza attraenti o sicuri di noi. Ma cosa c'è da guadagnare nel trattarci così?

Abbi fiducia nell'amore per amarti

È vero che l'amore ci rovinerà? Ci farà regredire o arresterà la nostra crescita? Amare noi stessi ci renderà arroganti e sgraditi agli altri? Questi pensieri contrastanti creano una difficoltà intrinseca. Vogliamo ricevere amore da parte degli altri, ma sentiamo che è sbagliato amare noi stessi. A volte, rifiutiamo addirittura l'amore di qualcuno, temendo che ci lascerà appena scoprirà chi siamo davvero. Non abbiamo fiducia nell'amore. Non ci fidiamo delle parole d'amore o dell'atto di amare gli altri. In sostanza, non ci fidiamo del potere dell'amore in sé. Spesso lo consideriamo qualcosa di negativo.

Questo fraintendimento può derivare dalla nostra infanzia. Possono esserci state inflitte moltissime ferite sotto le mentite spoglie dell'amore. Abbiamo ricevuto botte e insulti da coloro che sostenevano di amarci, che insistevano a dire di comportarsi così perché spinti dall'amore. Ci hanno resi confusi, ci hanno portati a male interpretare l'amore come un qualcosa che potrebbe ferirci.

L'amore può essere incompreso e falsamente rappresentato, ma tieni presente che il vero amore non distrugge proprio nulla. I bambini che sono amati e apprezzati crescono con una sana autostima. Il narcisismo è il risultato di una mancanza di affetto. L'iperprotettività deriva dalla percezione dei genitori che il loro figlio sia debole. Chi ha ricevuto amore sincero e incondizionato cresce diventando una persona amorevole. Dobbiamo credere in questo.

NON C'È NIENTE DI MALE AD AMARE TE STESSO

Adesso dobbiamo accettare che non c'è niente di male ad amare noi stessi. Nell'amore non esistono cose positive o negative. Non c'è nulla che ci impedisca di essere amati. Essere timidi e avere una bassa autostima non ci rende indegni di amore. Dovremmo amare noi stessi così come siamo in questo momento.

Sogniamo l'amore perfetto, vogliamo avere qualcuno che resti al nostro fianco durante la guarigione da una dipendenza o mentre affrontiamo una malattia terminale. «Perché non possiamo vivere un amore vero?» ci chiediamo. Spesso ricadiamo nell'autocommiserazione se pensiamo che nelle nostre vite manca il grande amore, che invece altre persone potrebbero aver trovato.

Il punto è che siamo noi che dovremmo concederci per primi quell'amore perfetto. Perciò, smettiamola di avere sentimenti contrastanti sul dover o meno amare noi stessi e iniziamo a farlo.

2

AMARE SE STESSI

A chi ha vissuto molto tempo con una scarsa autostima, odiare o criticare se stesso procura una sensazione di familiarità e conforto. Potresti avvertire della resistenza all'apprendimento di un nuovo metodo e dire a te stesso che staresti meglio continuando come hai sempre fatto. Ma non dobbiamo arrenderci e dobbiamo continuare a imparare e provare ad amare noi stessi. Alla fine, l'amor proprio permeerà la tua vita in modo naturale. Non c'è nulla da perdere e tutto da guadagnare, nell'amare noi stessi.

TROVA LA PERSONA CHE AMA DENTRO DI TE

Dentro di noi, esistono tre versioni di noi stessi. La prima è il *me con la bassa autostima*, la seconda è il *me critico* che ci denigra, e la terza è il *me che ama*, cioè che ci ama.

Il *me con la bassa autostima* e il *me critico* si scontrano tra di loro. Durante il giorno, il *me con la bassa autostima* è attivo, e di notte il *me critico* si risveglia, criticando tutto ciò che abbiamo fatto durante il giorno. Ciò fa sì che il *me con la bassa autostima* si rimpicciolisca ancora di più, danneggiando l'autostima.

Durante questo conflitto, il *me che ama* perde il suo posto. Il motivo per cui non riusciamo ad amare noi stessi è che il *me che ama* viene gradualmente sopraffatto. Perde la propria forza e svanisce nel subconscio.

Amare noi stessi non è una novità. Si tratta di riportare a galla il *me che ama* dai meandri della nostra coscienza. Dobbiamo far sposare il *me con la bassa autostima* e il *me che ama*. Immagina te stesso o il terapeuta che officia la cerimonia, dicendo: «Possano il *me con la bassa autostima* e il *me che ama* non separarsi mai e amarsi sempre l'un l'altro».

Evocare il me che ama

Il *me critico* ha monopolizzato la nostra attenzione, costruendo delle mura attorno al *me con la bassa autostima*. Queste bloccano i messaggi di amore e incoraggiamento da parte degli altri. Ma l'amore dal *me che ama* è ancora lì, forte e costante. Quando riceviamo messaggi di questo tipo, ci sentiamo felici e cresciamo. Significa che iniziamo a provare più amore verso noi stessi.

Il problema subentra a causa delle mura difensive. Il *me critico* ci ha imprigionati, impedendoci di ricevere quei messaggi. Ma se riusciamo a sentirli, il *me con la bassa autostima* può maturare, diventare più forte e addirittura abbattere quelle mura.

Un cervello maturo è flessibile e capace di adattarsi a diversi stimoli. Per esempio, se il tuo cuore accelera e inizi a sudare prima di una presentazione, non devi farti prendere dal nervosismo. Se il *me che ama* penetra e dice «Va tutto bene! Tutti quanti si sentono nervosi prima di una presentazione. La maggior parte degli astanti sarà comunque mezza addormentata. Basta che leggi le slide che hai preparato. Nessuno ci farà caso se ti si spezza la voce», ti sentirai rassicurato.

Ascoltare i messaggi da parte del "me che ama"

Immagina che vi sia qualcuno che ti ama in modo incondizionato, che è assolutamente coinvolto in pieno da te. Sembra esistere soltanto per amarti. Potrebbe trattarsi di una persona, uno spirito vagante o persino un gatto o un cane. Questa creatura ti regala l'amore perfetto. Cosa pensi che ti direbbe? Quando sei stanco, ferito e senti che nulla va nel verso giusto e sei deluso da te stesso, cosa pensi che ti direbbe questa persona che ti ama in modo incondizionato?

Se riflettiamo su questa domanda in uno stato di rilassamento, pensiamo a risposte come: *Va tutto bene. Sono cose che capitano a tutti. Hai fatto del tuo meglio. Sei straordinario così come sei. Ti amo. Ricorda che sei sempre amato.* Queste sono le frasi che il nostro cervello brama sentire. Non ascoltare mai queste parole arresta la crescita della nostra autostima. Abbiamo bisogno di sentire i messaggi da parte del *me che ama*. Quando ci arrivano, la nostra autostima si ripristina e cresce poco alla volta.

Per ascoltare questi messaggi, dobbiamo rimuovere le mura costruite dal *me critico*. Discutiamo allora su come abbattere queste rigide mura di scarsa autostima.

Abbattere le mura costruite dal "me critico"

Il nostro cervello è composto da molti neuroni, che seguono dei circuiti serrati. Una volta stabilito il percorso di un pensiero, quello tende a ripetersi. Le mura erette dal *me critico* sono piuttosto concrete nel nostro cervello, poiché rinforzano i percorsi dei pensieri negativi che ci tormentano. È come se i nostri circuiti di pensiero avessero costruito quelle stesse mura.

Per abbatterle, dobbiamo stimolare entrambi i lati del cervello in maniera alternata. La stimolazione bilaterale, che si sposta tra sinistra e destra, rende i circuiti cerebrali più flessibili.

Camminare è una tipica stimolazione bilaterale. Mentre cammini, l'emisfero destro e il sinistro si attivano a cadenza alterna, allentando poco alla volta le mura difensive. La maggior parte degli esercizi fisici stimola il cervello, ma non tutti comportano una stimolazione bilaterale. Nuotare a stile libero e a dorso lo fa, mentre nuotare a farfalla e a rana no. Sport come la boxe, che utilizza entrambe le mani, offrono una stimolazione bilaterale, al contrario del golf o del gesto di lanciare una palla, che non coinvolgono in maniera equa entrambi gli emisferi. La terapia dei movimenti oculari, utilizzata per curare il disturbo da stress post-traumatico o la depressione, è un esempio di stimolazione bilaterale in terapia. Altri metodi comprendono toccare entrambi i lati del corpo a turno (come ginocchia o spalle) o alternare i suoni in ciascun orecchio.

La stimolazione bilaterale è efficace quando si ricerca un cambiamento. Decidere di smettere di fumare mentre si cammina e ripetersi *Posso smettere. Posso farcela!* è efficace. È per questo motivo che si raccomanda di viaggiare per alleviare il dolore dopo una dolorosa rottura.

Per migliorare l'autostima, raccomando la tecnica dell'*abbraccio della farfalla*, che combina la stimolazione bilaterale con messaggi da parte del *me che ama*. Segui questi passi.

- Siediti comodo su una sedia con la schiena appoggiata.
- Incrocia le braccia sul petto, posando le dita sopra le spalle o i bicipiti opposti.
- Chiudi gli occhi e picchiettati con delicatezza i bicipiti con i palmi in alternanza, un lato alla volta, con un intervallo di uno o due secondi.
- Mentre picchietti, ripeti a te stesso: «Va tutto bene. Oggi sei stato bravo. Ti voglio bene». Lascia che il *me che ama* ti parli.

Questa tecnica può ridurre le forti difese erette dal *me critico* e permettere che filtrino messaggi di amore e incoraggiamento dentro di te, in ultima istanza migliorando la tua autostima.

3

COMPIERE SCELTE E PRENDERE DECISIONI

Le persone che non rispettano se stesse spesso ricercano i consigli altrui quando si trovano di fronte a una scelta. Alcune sono così sopraffatte dalla difficoltà di prendere una decisione che cercano aiuto persino da parte dei professionisti della salute mentale. Studenti che stanno riflettendo se ritirarsi da scuola e acquisire esperienza professionale o restare all'università e prepararsi per il mondo del lavoro, o mogli che non riescono a decidere se divorziare dal marito cronicamente infedele, portano le loro preoccupazioni nello studio del terapeuta.

DIFFIDARE DEL PROPRIO GIUDIZIO

Sfortunatamente, uno psichiatra non può prendere le decisioni per conto dei suoi pazienti. Le persone lo sanno, certo, ma ciò nonostante domandano: «Lei è un esperto e ha molta più esperienza di me, dottore. Mi dica di quale decisione non mi pentirò». Ovviamente potrei rispondere: «Non dovresti tornare a scuola» o «Divorzia, conosco un bravo avvocato divorzista se hai bisogno». Ma evito sempre di proposito di dare risposte dirette.

Soprattutto con chi è molto dipendente o manifesta una scarsa autostima, il mio approccio è estremamente cauto. Devo rispettare le sue opinioni e aiutarlo ad analizzare ciò che sta vivendo. Di rimando, la persona potrebbe diventare impaziente e pretendere delle risposte immediate. Ma uno psichiatra che vuole davvero aiutare il paziente non prende decisioni per suo conto. Conformarsi ai suoi desideri, in questo caso, significherebbe mancargli di rispetto.

Non esiste una scelta perfetta

La vita ci pone di fronte a molti bivi, e spesso restiamo immobili in questi crocevia, a domandarci quale sentiero scegliere: A, B o C? Nella maggior parte dei casi, i valori di queste opinioni non sono considerevolmente diversi, un po' come scegliere tra tre opzioni simili per il pranzo. Dovrei mangiare un hamburger, uno stufato di pasta di soia o del pesce grigliato? Quale scelta è la più saggia? Riflettendoci meglio, le differenze sono minime. Se diamo all'hamburger un punteggio numerico di sessantasette, lo stufato di pasta di soia potrebbe essere un settantuno e il pesce grigliato un sessantanove. Nel corso del tempo, questi punteggi possono cambiare. L'hamburger all'inizio potrebbe essere un sessantasette ma, se vi fosse un'offerta speciale al negozio, la soddisfazione potrebbe aumentare fino a settantadue. Tuttavia, se lo sconto attira una folla chiassosa, la soddisfazione potrebbe precipitare a sessantacinque.

Ciò che importa è che il livello di soddisfazione dipende anche da chi compie la decisione. Potrebbero esserci differenze minime tra un hamburger e uno stufato di pasta di soia, ma se il capo portasse gli impiegati fuori per pranzo e dichiarasse «Oggi mangerete tutti stufato di pasta di soia», il punteggio scenderebbe sotto il cinquanta, a prescindere da quanto delizioso sia lo stufato. Le grandi decisioni della vita sono molto più serie del menu del pranzo, ma si applica comunque il principio secondo cui il livello di soddisfazione diminuisce quando gli altri decidono per noi. Anche se il risultato è positivo, non si prova una gioia totale perché parte del successo appartiene alla scelta di qualcun altro. Se il risultato è negativo, la sensazione è persino peggiore.

Meno responsabilità per le decisioni prese dagli altri

Le decisioni comportano delle responsabilità. Se la decisione è del tutto tua, detieni il cento percento della responsabilità. Ma se a decidere è qualcun altro, detieni al massimo solo il settanta-ottanta percento. Di conseguenza, se il risultato è negativo, il fardello mentale è più lieve. Anche rimorso e senso di colpa vengono ridotti al settanta-ottanta percento. È per questo motivo che spesso le persone evitano di affidarsi al proprio giudizio. In questo caso, una scarsa autostima agisce come meccanismo di difesa, evitando che importanti decisioni diminuiscano la nostra autorità, ma al tempo stesso liberandoci dalla responsabilità e dalle conseguenze. Se dovessimo compiere da soli le nostre decisioni e fallissimo, avvertiremmo il cento percento del dolore e del rimorso, ma far prendere le decisioni agli altri per conto nostro ci permette di avvertire solo l'ottanta percento del dolore. Quindi continuiamo a lasciare che gli altri prendano le stesse cattive decisioni per noi, perché il dolore che ne risulta non è poi così grande.

Le decisioni influenzano la presenza

Delegare ad altri le decisioni riduce la nostra presenza all'interno di un gruppo. Una persona con una presenza considerevole prende molte decisioni, influenzando dinamiche e risultati del gruppo. Una persona carente di autorità decisionale ha una presenza ridotta e diventa insignificante. Se prendiamo di rado decisioni significative, la nostra autostima tende a indebolirsi. Non è questione di giusto o sbagliato: si tratta di percepire la nostra importanza nelle nostre stesse vite. Per migliorare la nostra autostima, dobbiamo allenarci a compiere e rispettare le nostre decisioni.

L'autostima, a livello emozionale, è la sensazione di amare se stessi. A livello razionale, invece, è la capacità di prendere e rispettare le proprie decisioni.

Come compiere decisioni per migliorare l'autostima

Prendi tu stesso le decisioni

Prendi le decisioni che riguardano la tua vita. Detenere il potere decisionale sulla tua vita porta padronanza e responsabilità, ma dal momento che la tua vita è una *tua* responsabilità, non è poi così male. Quando cerchi consiglio, esordisci con: «Sarà una mia decisione, ma sarebbe bello sapere la tua...».

La chiave è saper prendere le decisioni sulle tue questioni personali. Concentrarti sulle tue scelte ridurrà le superflue intromissioni negli affari degli altri.

Agisci in base alle tue decisioni

Attieniti alle tue decisioni. Quando la strada che non abbiamo intrapreso ci preoccupa, ricorda l'analogia del menu del pranzo. Il motivo per cui vacilliamo è che gli esiti sono simili a prescindere dalla scelta. Trovarsi di fronte a un bivio significa che entrambe le opzioni sono più o meno la stessa cosa. Non preoccuparti di un risultato negativo: dal momento che è una tua decisione, apprenderai una lezione preziosa, a prescindere da ciò che accadrà.

Prova rimorso con una prospettiva futura

I risultati possono essere positivi o negativi. Se l'esito è negativo, non c'è niente di male a provare rimorso e dolore. Assumiti la completa responsabilità e accogli il cento percento del dolore. Tuttavia, anziché guardarti indietro e flagellarti per gli errori che hai commesso, guarda al futuro. Prova a dire: «La prossima volta farò così!». Questa forma di rimorso è un buon proposito.

Esprimi gratitudine quando i risultati sono positivi

Rallegrati per i risultati positivi. Goditi il cento percento della gioia. La tua decisione ha portato al successo, e tutti quanti sanno che la tua scelta era corretta. Perciò, condividi la gioia con gli altri ed eventualmente esprimi gratitudine: «Grazie al tuo consiglio, ce l'ho fatta». Così facendo, anche le altre persone si sentiranno bene e ti augureranno un successo prolungato.

Cinque domande per aiutare il processo decisionale

Non ci sono decisioni giuste o sbagliate, né possiamo sempre sapere quale scelta sia la migliore. Ciò che può essere definito nelle decisioni che prendiamo sono il campo di applicazione e il tempo. La maggior parte delle scelte riguarda noi, perciò il campo di applicazione si limita a *me*. Il fattore restante è il tempo. Che si tratti di un'ora, due ore o diversi anni, stabilisci un termine ultimo per prendere la decisione. Impiegare molto tempo non necessariamente porta a decisioni più sagge: ci si mette semplicemente di più.

Per rispettare le tue decisioni, rivolgi a te stesso le seguenti domande.

1. *Quali sono le preoccupazioni che dovrei affrontare?* (Escludi i problemi degli altri)
2. *Cosa deve essere deciso?* (Escludi le emozioni)
3. *Quali sono le mie opzioni?* (Posizionati sul bivio)
4. *Quando deve essere presa questa decisione?* (Stabilisci un limite temporale)
5. *Per quanto tempo resterà valida questa decisione?* (Stabilisci una data di scadenza)

Queste domande ti aiuteranno a prendere delle decisioni. Se continui a interrogarti al di là del limite temporale, rendi anche questo una scelta: prendi delle decisioni consce concedendoti più tempo per deliberare, anziché limitarti a saltare il termine ultimo ed evitare o ritardare una decisione.

4

CONCENTRARSI SUL QUI E ORA

Gli spot sulla chirurgia plastica mostrano fotografie del *prima* e del *dopo*, per suggerirci come una persona può essere trasformata. Molte pubblicità seguono questo schema, concentrandosi su passato e futuro e tralasciando il presente. Nessuno fa uno spot che mostra l'intervento di chirurgia plastica stesso, che potremmo vedere soltanto nei documentari.

Il desiderio di cambiamento deriva da un presente insoddisfacente, ragion per cui le pubblicità tralasciano il presente e si concentrano su passato e futuro. Tuttavia, il cambiamento nel futuro è impossibile senza il confronto con l'adesso. La chirurgia plastica prevede moltissimo dolore nel presente. È questa la realtà.

Se desideri un cambiamento, hai bisogno della chirurgia della mente. Anch'essa comporta un tantino di dolore e di pazienza. In molti preferiscono evitarla, oscillando costantemente tra passato e futuro, e ignorando il presente.

Tutte le soluzioni risiedono nel presente

«Può cambiarmi? Se mi sottopongo alla terapia, sarò in grado di amare me stesso?»

Ricevo spesso queste domande via e-mail o per telefono. È difficile rispondervi. Quando vengo interrogato riguardo al futuro, la mia risposta di solito è la stessa: «Non lo so». Le persone continuano a chiedermi cosa succederà da qui a molti anni, quando a malapena sappiamo cosa accadrà nei prossimi dieci secondi.

Per alleviare l'ansia riguardo al futuro, facciamo dei piani. Tentiamo di combattere le nostre paure con la sicurezza in noi stessi. Questa è una prospettiva popolare nel marketing. Affermazioni come *Posso farcela!* sopprimono l'ansia.

Se la sicurezza in se stessi, l'autoipnosi o un atteggiamento positivo alleviano l'ansia, è giusto continuare. Tuttavia, non raccomando simili metodi. Nonostante gli atteggiamenti positivi e l'ottimismo, le crisi si verificheranno a ripetizione. Quando gli sforzi non vengono ricompensati, la sicurezza vacilla e iniziamo a domandarci per quale motivo stiamo perdendo fiducia in noi stessi. Tendiamo a credere che la sicurezza di sé sia la strada per il successo. Sebbene sia preferibile al dubbio costante, il futuro resta incerto e la sicurezza di poterlo prevedere non è essenziale.

In ultima istanza, tutte le soluzioni comportano un focus sul presente. A prescindere dai vari metodi per alleviare l'ansia, la realtà è inevitabile. In fin dei conti, gli studenti si concentrano sul materiale che devono studiare quel giorno stesso, e chi vuole migliorare la propria forma fisica si focalizza sugli esercizi quotidiani.

Sfuggire al passato

Persino dopo aver risolto l'ansia futura, alcuni non riescono a concentrarsi sul presente, ritirandosi nel passato. Chi trova difficoltà nell'accettare la realtà spesso si aggrappa a questioni passate.

Domandarsi *Perché?* assegna colpe. *Perché l'ho fatto?* porta ad accusare se stessi. *Perché hai fatto questo?* genera il risentimento verso gli altri. Queste domande non riescono a fornire risposte e si limitano a riaprire vecchie ferite.

È l'incapacità di affrontare la realtà a causare questa ricaduta all'indietro. «Perché mi ha tradito? Non capisco. Aveva detto che sarebbe partito per un viaggio di lavoro.» Incapaci di accettare il tradimento da parte di una persona amata, ci ritiriamo nel passato, cercando di trovare delle risposte. Questo rifiuto di accettare la realtà deriva dal disagio che avvertiamo nel presente. Il dolore e la paura conducono le persone verso il passato, così da evitare di soffrire negli istanti in cui vivono.

L'autostima funziona in maniera simile. Quando siamo insoddisfatti della nostra attuale natura, fuggiamo nel passato. Ci domandiamo: *È un problema che mi porto dietro dall'asilo? È perché i miei genitori litigavano sempre? O è stato il bullismo che ho subìto alle scuole superiori?* Continuiamo a fuggire in questo modo. Ma la risposta a cui arriviamo alla fine di queste domande è sempre la stessa: *Mi sento davvero patetico per aver sprecato così tanto tempo a farmi ossessionare dal passato.*

Ricercare ciò che voglio qui e ora

L'ossessione per il passato conduce al rammarico, mentre concentrarsi sul futuro genera confusione. Il passato non può essere modificato, cosa che ci rende alquanto frustrati, e il futuro è incerto, quindi il solo pensiero fa emergere l'ansia. Questa è la natura del passato e del futuro. Le persone in salute bilanciano la loro concentrazione tra passato, presente e futuro, orientandosi soprattutto sul presente. Chi ha una scarsa autostima tende a preoccuparsi soltanto dei problemi passati o futuri.

La soluzione sta nel focalizzarsi di più sul presente. Questo è il principio che gli psichiatri chiamano *qui e ora*. Significa non pensare ai problemi del passato o alle preoccupazioni future, ma piuttosto concentrarsi su ciò che deve essere fatto in questo momento.

Rimanere sul *qui e ora* equivale a sviluppare una nuova abitudine. È come fare attività fisica ogni mattina o attenersi a una determinata dieta. È il processo per cui si spezza la nostra routine e ci si adatta a un nuovo stile di vita. Tuttavia, non importa quanto cerchiamo di concentrarci sul presente: è facile perdere la rotta perché il *qui e ora* è un concetto astratto, e noi tendiamo in modo naturale a fuggire verso ansie future o rammarichi passati.

Per evitarlo, dobbiamo trascrivere i nostri pensieri. Prendi subito un pezzo di carta e scrivi: *Che cosa voglio proprio qui e proprio ora?* o *Cosa dovrei fare proprio qui e proprio ora?* Dopo, cerca la risposta. Potresti non trovarla immediatamente, ma continua a tornarci sopra, anche se in un paio di occasioni finirai per distrarti.

Prendiamo in considerazione una persona che ha un'importante presentazione nel giro di qualche giorno ed è ansiosa al pensiero di non dare il meglio. Può affrontare questo procedimento di scrittura per trovare la sua risposta. Un esempio:

Che cosa voglio proprio qui e proprio ora?

Dare il meglio con la presentazione.

No, la presentazione è nel futuro. Che cosa voglio in questo momento?

Adesso è il momento di prepararsi. Ma prepararmi adesso mi aiuterà a dare il meglio? Non sarò nervoso?

No, questo è il futuro. Che cosa voglio proprio qui e proprio ora?

In questo momento, voglio prepararmi bene, ma sono già le undici di sera. Sono uscito a vedere un film con un amico dopo il lavoro. Non avrei dovuto farlo.

Questo è il passato. Che cosa voglio proprio qui e proprio ora?

Proprio qui e proprio ora voglio concentrarmi per un'ora e organizzare il materiale per la mia presentazione.

D'accordo, allora scriviamolo.

In questo momento voglio organizzare il materiale per la mia presentazione per un'ora.

Incolla questo appunto sopra la tua scrivania. Guardalo ogni volta che ti senti ansioso riguardo al futuro o rammaricato riguardo al passato. Questo ti aiuterà a concentrarti sull'organizzazione del tuo materiale.

Concentrarsi sul presente non soltanto accelera la risoluzione dei problemi, ma apporta anche nuovi benefici. Uno di questi è il fascino. Le persone che sono immerse nel presente risultano molto attraenti. Aumentando la tua autostima e concentrandoti sul presente, ci guadagni anche in fascino. È una tripla vittoria.

5

LIBERARSI DEL DISFATTISMO E PASSARE OLTRE

Anche se dicessi alle persone intrappolate nel disfattismo come migliorare la propria autostima, queste ti risponderebbero che non sanno come farlo. Non sanno come amare o come rispettare le loro decisioni. Se dici loro di esercitarsi, ti rispondono che non ci riescono.

Non ha senso discutere con queste persone, perché il peso emotivo che le guida è legato alla loro autostima. Sembrano dotate di logica, ma in effetti la loro stima di sé è davvero scarsa.

Tuttavia, c'è una possibilità persino in questo caso. Anche se sei immerso nel disfattismo o non sai nulla di autostima, esiste un modo per gestire il presente. È come imparare a guidare la macchina senza sapere come funziona. Lo stesso vale per l'autostima. Anche se non sai cosa sia o per quale motivo dovrebbe migliorare, è comunque possibile migliorarla.

Più debole è l'autostima, più salda è la convinzione

Le persone intrappolate nel disfattismo sono sicure. Sono sicure che non avranno successo. E possono anche fornire delle prove: «Non avrò successo per via di questo… e quello… Assumere farmaci non aiuterà, la terapia non aiuterà. In fin dei conti devo cambiare, ma non posso cambiare».

Se pensi che le persone con scarsa autostima siano insicure di loro stesse e incapaci di prendere delle decisioni, ti sbagli. Sono salde nelle loro convinzioni: la loro incrollabile certezza è che non avranno successo. Questo è dovuto al fatto che si concentrano solo sulle prove negative. Ricordano soltanto le proprie debolezze, ferite, carenze e carriere prive di successo. Consolidano conclusioni negative basate su eventi negativi.

Certo, nessuno di noi vuole avere una visione così brutta di se stesso. Tuttavia, non è semplice modificare delle salde convinzioni. È una specie di delirio o di fede. Ci offendiamo quando qualcuno cerca di dirci che possiamo cambiare. Ci lamentiamo dicendo: «Ma tu pensi di conoscermi? Nessuno meglio di me sa come ho vissuto. Perciò non cercare di convincermi: non posso essere felice!». Consigli come *Ama te stesso* o *Rispetta te stesso* cadono nel vuoto. Potremmo citare numerosi dati e prove per rifiutare quel consiglio.

Dalle macerie a una casa confortevole

L'autostima è come una casa. Non importa quanto difficile sia la nostra realtà, perché possiamo sopportarla se abbiamo una casa confortevole in cui rifugiarci. Molte delle critiche che aggrediscono la mente e delle infelici circostanze esterne sono simili al cattivo tempo, in questa analogia. L'autostima deve essere forte per trovare riparo e sicurezza dagli agenti atmosferici, placando la mente e il corpo.

Le persone abituate al disfattismo sono come quelle abituate a vivere in una casa che ha un disperato bisogno di riparazioni. L'ambiente ha uno scarso isolamento dal freddo e ci sono così tante perdite dal tetto che è pronta a crollare da un momento all'altro. La pressione dell'acqua è bassa, e la casa non è stata pulita a dovere da parecchio tempo. Queste persone si rannicchiano in un angolo e pensano tra sé e sé: *Ho vissuto così sin da quando ero bambino. Anche i miei genitori hanno vissuto così. Ci sono persone che vivono peggio di me, e quindi?* I conoscenti cercano di aiutarle. Vanno a trovarle per pulire e cucinare per loro. Ma una volta che se ne sono andati, la casa torna al punto di partenza. Anche se arrivassero degli esperti a ripararla e nel frattempo offrissero all'inquilino un alloggio temporaneo, questi rifiuterebbe perché dovrebbe organizzarsi e buttare via un paio di oggetti a lui cari in vista della ristrutturazione. Il punto è che loro non vogliono cambiare. Preferiscono ciò a cui sono abituati al progresso.

Tuttavia, persino in casi simili l'autostima può crescere. Non importa se non sei pronto ad accettarlo. Ho paragonato il tutto a una casa, ma il processo di miglioramento dell'autostima non richiede costruzioni. Quando una casa diroccata viene rinnovata, gli abitanti devono liberarla. Bisogna demolire la struttura preesistente, facendo rumore e polvere. Eppure, non c'è alcun bisogno di entrare in un processo così disagevole quando ricostruisci la tua autostima.

La domanda miracolosa: e se la mia autostima fosse ripristinata?

Ripristinare l'autostima rende il cervello più sano. Genera pensieri positivi e ignora banali preoccupazioni. Non si fa condizionare facilmente dalle emozioni altrui e non perde la capacità di giudizio. Ma è altrettanto vero il contrario: un cervello sano comporta un'autostima più sana.

Vi sono due cose da tenere a mente per ripristinare la salute del cervello.

La prima è che il cervello è un organo fisico. Limitarsi a pensare a come ottenere un cervello sano è come sperare che ti spuntino i muscoli nelle braccia soltanto desiderandolo. È necessario anche il controllo della mente, ma per crearti dei veri muscoli devi sollevare dei manubri pesanti. Agire è importante.

La seconda è che la distinzione tra gli sforzi per la salute del cervello e i loro risultati non sempre è chiara. Perciò se ti comporti come una persona a cui è stata ripristinata l'autostima, il cervello diventerà più sano e ripristinerà l'autostima.

Immagina che avvenga un miracolo nell'arco di una notte: e se ti svegliassi una mattina e scoprissi che la tua autostima si è ripristinata del tutto? Visualizzati come una persona calorosa che ama e rispetta se stessa. Sei diventato sicuro di te e confidi nel tuo giudizio, sei perfino riguardoso nei confronti degli altri. Al sorgere dell'alba, in che modo differenzieresti il tuo comportamento rispetto a ieri? Alcuni dei miei pazienti hanno risposto a questa domanda in questo modo: «Penso che sorriderei allo specchio. È sempre doloroso per me guardare nello specchio ogni mattina. Se la mia autostima migliorasse, non mi acciglierei mentre mi lavo il viso e potrei canticchiare mentre faccio la doccia». Oppure: «Penso che finalmente farei colazione. Prima mangiavo a tarda notte e mi veniva il mal di stomaco, quindi mi risvegliavo dopo un sonno agitato. Non avevo voglia di mangiare al mattino e andavo al lavoro con la sensazione di voler morire. Ma adesso penso che farei colazione, o magari mi limiterei a una semplice insalata».

Assumi innanzitutto il comportamento che vorresti. Il cervello darà seguito alle tue azioni confondendo causa ed effetto. Diventerà più semplice a mano a mano che procedi. Tu e il tuo cervello vi abituerete.

TRE ABITUDINI PER UN CERVELLO FELICE

Di seguito, delle pratiche semplici ed efficaci per migliorare la tua autostima.

1. *Cammina a testa alta.* Cammina come una persona che rispetta se stessa e confida nelle proprie decisioni. Ti riscoprirai ad assumere una postura più eretta e le tue spalle si rilasseranno. Cammina come una persona perfettamente a proprio agio, a cui non interessano le critiche da parte degli altri.
2. *Guardati con amore.* Ogni volta che ti guardi allo specchio, pensa all'espressione che avresti se ti amassi e assumila. Se ti senti bene, finirai con il sorridere. Non ti costringere a sorridere, però. Nella vita, vi sono giorni in cui ti lasci con la persona che ami o in cui la tua famiglia sta male. Persino in quei giorni, pensa

a quale espressione avresti se amassi la persona allo specchio. E assumila.

3. *Parla a te stesso.* Quando stai passando un periodo difficile, pensa a ciò che direbbe a se stessa una persona con una forte autostima e comunicati la stessa cosa. Potresti generalizzare dicendo: «Va tutto bene, questo capita a tutti». O razionalizzare dicendo: «Ho gestito bene questa situazione perché sono in gamba. Se ci fosse stato qualcun altro, l'incidente che ne sarebbe conseguito avrebbe potuto essere più grave». Ripeti questo al tuo cervello. Al cervello piacciono discorsi simili. Di' al tuo cervello ciò che gli piace quanto più spesso possibile.

Tieni a mente di camminare, guardarti allo specchio e parlare a te stesso come una persona con un'elevata autostima. Perché queste sono azioni che solo gli umani possono scegliere di intraprendere. Il cervello umano funziona in maniera attiva mentre esegue queste tre azioni. Nel momento di maggiore attività ed efficienza del cervello, migliorare l'autostima comporta un cambiamento. Gridare, rompere le cose e aggredire il prossimo sono gesti che anche gli altri animali possono compiere. Con azioni di questo tipo, non puoi ripristinare la salute del tuo cervello. Ma noi dobbiamo vivere come umani sofisticati.

Riepilogo della lezione di autostima

- *Dobbiamo amare noi stessi così come siamo, senza alcuna ragione o condizione. Dovremmo amare noi stessi per quelli che siamo in questo momento.*

- *Dentro di noi, vi sono tre versioni di noi stessi. La prima è il me con la bassa autostima, la seconda è il me critico che ci denigra, la terza è il me che ama, ossia che ci ama.*
- *Permettere che altri prendano decisioni per tuo conto può portare all'insoddisfazione. Soprattutto se l'esito è negativo.*
- *Per migliorare l'autostima, dobbiamo allenarci a prendere e rispettare le nostre decisioni.*
- *Vi sono quattro cose da ricordare quando compiamo delle decisioni per migliorare l'autostima: prendi tu stesso le tue decisioni, agisci sulle tue decisioni, prova rimorso con una prospettiva futura ed esprimi gratitudine quando i risultati sono positivi.*
- *L'ossessione per il passato porta al rammarico, mentre concentrarsi sul futuro genera confusione. La soluzione sta nel concentrarsi di più sul presente. Tutte le soluzioni risiedono nel presente.*
- *Concentrati sul principio del* qui e ora.
- *Vi sono tre abitudini per un cervello felice: camminare a testa alta, guardarti con amore, parlare a te stesso come farebbe una persona con un'elevata autostima.*

Epilogo

SEI IL RE DELLA GIUNGLA

Per molto tempo ho creduto che i leoni fossero letteralmente i *re della giungla*. Pensavo che corressero liberi nella savana, giocassero con i cuccioli e cacciassero di tanto in tanto, quando avevano fame. Credevo che tutti gli animali fuggissero all'arrivo dei leoni. Immaginavo zebre e gazzelle, persino elefanti o coccodrilli, scappare a gambe levate.

Solo di recente ho appreso che la vita di un leone non è semplice come pensavo. Ho visto un leone che veniva aggredito da un ippopotamo sul canale di National Geographic. Era la vendetta di una mamma ippopotamo che aveva perso il suo cucciolo. L'attacco dell'ippopotamo ha lasciato il leone mezzo morto a contorcersi al suolo. Ero sconvolto.

E non è finita qui. Anche la vita quotidiana del leone appariva piuttosto difficile. Aquile, iene e altri predatori minacciano la sua tana a ogni possibile occasione, e i leoni vivono nell'ansia al pensiero che i cuccioli vengano attaccati. Persino cacciare da soli non è semplice per loro. Le zebre sono sorprendentemente veloci e possono scalciare i leoni con le zampe posteriori, a volte in modo abbastanza potente da spaccargli la mascella. A volte il leone fugge terrorizzato, temendo di venire morso da un serpente o calpestato da un elefante.

Mi si sono riempiti gli occhi di lacrime nel guardare quel leone sfinito. Desideravo essere come quegli animali che invidiavo così tanto, ma anche la vita di un leone è una lotta quotidiana.

Ho capito che forse le nostre vite sono simili a quella del leone. Vivendo nell'attuale società, potremmo benissimo passare tutti la giornata come un leone triste. Lottiamo per essere al centro del mondo, perché le nostre famiglie dipendono esclusivamente da noi, ma il mondo è pieno di minacce. Anche se stiamo già faticando, dobbiamo continuare a correre e battere gli altri soltanto per sopravvivere. Come i leoni sfiniti, noi uomini e donne affrontiamo la giungla che è la Corea. Sono certo che anche chi vive in altri luoghi del mondo, leggendo questo libro, sarà in grado di riconoscersi in alcuni di questi sentimenti.

Ma allora, perché invece non la vediamo in questo modo: anche se siamo temporaneamente estenuati dalle pretese della genitorialità e dalla vita quotidiana, siamo tutti meravigliosi e superiori ai leoni. Per le nostre famiglie, siamo figli, figlie, genitori e coniugi insostituibili. Siamo guerrieri che hanno affrontato molte crisi ed eroi che hanno protetto la vita con fermezza. A volte potremmo perdere la stabilità a causa di attacchi inaspettati e piangere per la tristezza e la disperazione, ma resta il fatto che siamo dei re. Non c'è niente di male a piangere in silenzio in una stanza buia. Non piangiamo perché siamo deboli, ma ci sfoghiamo perché siamo umani.

Non dimenticare mai e poi mai che tu sei il re della giungla. Tu sei il centro del mondo. Sei una creatura preziosa, l'unico del tuo genere al mondo.

Questo libro è fabbricato da Grafica Veneta S.p.A.
con un processo di stampa e rilegatura certificato 100% carbon neutral
in accordo con PAS 2060 BSI.

Questo volume è stato stampato nell'aprile 2025
presso Grafica Veneta S.p.A. - Trebaseleghe (PD)